CATALOGUE
DES LIVRES
DE LA BIBLIOTHÈQUE

DE FEU M. H. GRIMALDI-MONACO.

Dont la vente se fera le 24 messidor an 11 1803

et jours suivans, à cinq heures de relevée,

dans l'une des salles de M. SYLVESTRE,

rue des Bons-Enfans, n.° 12.

13 Juillet 1843

Se distribue à Paris

Chez
{
CH. POUGENS, quai Voltaire, n.° 10.
SOLVET, rue du Coq S. Honoré, n.° 123.
THIERRY, Commissaire - Priseur, rue
Neuve-Egalité, n.° 336.

On vendra chaque jour   N.ᵒˢ suivant l'ordre
du Catalogue, et l'on commencera par beaucoup
de bons livres, tous bien conditionnés, que le tems
n'a pas permis de comprendre dans la présente
notice.

CATALOGUE

DES LIVRES

DE LA BIBLIOTHÈQUE

DE FEU M. H. GRIMALDI-MONACO.

THÉOLOGIE.

Texte, histoire, extraits et figures de la Bible.

1. **L**a sainte Bible, traduite en français sur la vulgate. Bruxelles, 1700. 3 vol. 4.° v. b. fil. d. s. t.

2. La même ; par M. le Maistre de Sacy. Paris, 1707. 8 vol. in-12. m. c. d. s. tr.

3. Nouveau Testament de notre seigneur J. C. Mons, 1668. 1 vol. 4.° v. b.

4. Le même. Mons, 1672. 2 vol. in-12. v. fil. d. s. t.

5. L'histoire du vieux et du nouveau testament ; par de Royaumont. Nouvelle édition. Paris, 1723. 1 vol. in-f.° v. m. fig.

6. Histoire du vieux et du nouveau testament, enrichie de plus de quatre cents figures en taille-douce. Anvers, Pierre Mortier, 1700. 2 vol. f.° v. m. fil.

7. Histoire sacrée en tableaux ; par de Brianville. Paris, 1675. 3 vol. in-12. v. br.

8. Histoire sainte ; par le R. P. Nicolas Tallon. Paris, 1759. 2 vol. f.° v. br.

9. Discours historiques et critiques sur les événemens

les plus mémorables du vieux et du nouveau testament ; par Jacques Saurin. La Haye , 1728, 2 vol.
f.° v. jaspé fil. fig.

10. Histoire du peuple de Dieu , par le P. Berruyer.
Paris , 1728. 8 vol. 4.° v. f. fil.

11. Dictionnaire de la Bible ; par le P. Calmet. Paris ,
1722. 4 vol. f.° v. m. fig.

12. Figures de la Bible , illustrées de huitains français pour
l'interprétation et l'intelligence d'icelles. Lyon , 1565,
4.° v. m.

Commentaires sur l'écriture sainte.

13. Paraphrase sur les épistres de S. Paul et sur les épistres
canoniques ; par Ant. Godeau. Paris , 1650. 1 vol. 4.°
m. r. lavé réglé.

14. Præadamitæ sive exercitatio super quibusdam versi-
bus epistolarum D. Pauli ad Romanos. 1655. 1 vol 4.°
v. brun.

15. Les morales de S. Grégoire pape , sur le livre de Job.
Paris , 4 vol. 4.° mar. r. fil. d. s. tr.

16. Explications de plusieurs textes difficiles de l'Ecri-
ture ; par le R. P. Jacques Martin. Paris , 1730 , 2 vol.
4.° v. m. fil.

17. Traité de la situation du paradis terrestre ; par
Huet. Paris , 1691. in-12 v. br.

Livres de prières.

18. Livre des prières pour le salut. in-12. m. bl. d. s. t.

19. Calendrier historial. Lyon , 1563. 1 vol. 8.° v. br.
Sur un des feuillets du frontispice est écrit : Ancien bréviaire de
l'amiral de Coligny.

20. Les dévots élancemens du poete chrétien. Toul, 1610.
in-12. v. f. fil. fig.

SS. Pères.

21. Les Confessions de S. Augustin, traduite en français par Arnauld d'Andilly. Paris, 1660. in-12. m. vert. tr. d. — Les mêmes. Paris, G.le Desprez, 1695. in-12. m. bleu. d. s. tr.

22. Cité, et lettres de S. Augustin, trad. et revues sur plusieurs manuscrits. Paris, 1675. 6 vol. 8.º m. r. d. fil. d. s. tr. *Et Les Lettres 6 vol*

23. Les Ouvres de S. Cyprien, trad. en français par Lambert. Paris, 1672. 1 vol. 4.º m. r. d. s. tr.

24. Lettres de S. Jérôme, trad. par dom G. Roussel. Paris, 1713. 3 vol. 8.º v. br. fil.

Scholastiques moraux et mystiques.

25. Dictionnaire des cas de conscience ; par Pontas. Paris, 1724. 3 vol. fol. , v. m. fil.

26. Traité de la Virginité. Paris, 1699. 1 vol. 8º. , v. br. — De virginitate tractatus ; per Henricum-Kornmannum. Hagæ-Comitum. 1654. 1 vol. in-8.º, v. f. — Traité contre l'impureté ; par J. F. Ostervald. Amst. 1707. in-12, v. br.

27. Disputationum de Matrimonii sacramento, authore Thoma Sanchez. Venetiis, 1625. 2 vol. petit fol. vélin.

28. Sympasion Trimeron, sive Antonii Bonffinii, de pudicitia conjugali et virginitate dialogi tres. Basileæ, 1572. in-12, v. br. — La vie des gens mariés, ou les obligations de ceux qui s'engagent dans le mariage. Paris, 1727. 1 vol. in-12, v. br. — Traité de l'excellence du mariage ; par Jacques Chaussé, Paris, 1685. in-12, bas.

29. Les Provinciales. Cologne, 1700. 2 vol. in-12, bas.

30. OEuvres de Bossuet. Paris, 1747. 12 vol. 4º. v. m. fil.

31. OEuvres de Bourdaloue. Paris. Rigaud, 1707. 14 vol. 8º., v. br. filet.

9 4 32. L'Année chrétienne , par le Tourneur. Paris , 1685.
       13 vol. in-12 mar. r. fil. d. s. tr.

4 19 33. Exposition de la doctrine chrétienne ; par le P. Bou-
       geant. Paris , 1741. 4 vol. in-12. v. br.

4 -1 34. Catéchisme de Montpellier. Paris , 1706. 3 vol. in-12.
       — Fleurs des exemples du catéchisme historial ; par
       Daveroult. Rouen , 1626. 1 vol. 8.º v. f.

4 19 35. De imitatione Christi. Parisiis , è tipographiâ regiâ ,
       1640. 1 vol. f.º v. f. fil.

? 12 36. De l'Imitation de J. C. Paris , Desprez , 1713. in-12.
       m. cit. tr. d.

3 12 37. OEuvres de S. François de Sales. Paris , 1652. 1 vol.
       f.º v. br.

3 19 38. Les épistres de Ste. Catherine de Sienne. Paris , 1644.
       1 vol. 4.º v. f. fil.

4 -3 39. Les OEuvres de Ste. Thérèse ; trad. par d'Andilly.
       Anvers , 1707. 5 vol. in-12. v. m.

Religions anciennes et étrangères , traités hétérodoxes.

3 15 40. Les Religions du monde , depuis le commencement
       du monde jusqu'à présent , trad. d'Alex. Ross par
       Tho. Lugme. Amsterdam , 1669. 3 vol. in-12. v. br. fig.

3 16 41. Discours de la religion des anciens ; par Duchoul.
       Lyon , 1581. 1 vol. 4.º

2 -1 42. La porte ouverte pour parvenir à la connoissance du
       paganisme caché , par Abraham Roger. Amsterdam ,
       1670. 1 vol. 4.º v. br.

13 10 43. La Religion des Gaulois. Paris , 1727. 2 vol. 4.º v.
       f. fig.

3 -9 44. La religion des Mahométans , trad. du latin de Re-
       land. La Haye , 1721. 1 vol. in-12. v. m. fig.

2 6   45. Histoire critique des pratiques superstitieuses ; par le
       Brun. Paris , 1732. 3 vol. in-12. v. f. fil.

1 -4 46. De l'Incrédulité ; par Lelerc. Amst. David Mortier ,
       1714. in-12. v. br.

47. Traité de la Religion naturelle, par Martin. Amst.
1715. in-12. v. f. fil. — La Religion du Médecin, par
Brown. 1668. in-12. v. b. r. 2 ex.

48. Ebauche de la Religion naturelle, traduite de l'anglais de Wollaston. La Haye. 1726. 1 vol. 4°. v. f.

49. OEuvres de Benoît Spinosa. 1 vol. 4° rel. cart.
manuscr.

50. Réfutation des erreurs de Benoît de Spinosa ; par
Fénélon, avec la vie de Spinosa, écrite par M. J.
Colemo, ministre de l'église luthérienne de La Haye.
Bruxelles. 1731. 1 vol. in-18, mar. bl. fil. d. s. t.

JURISPRUDENCE.

51. De l'Esprit des Lois, par Montesquieu. Genève.
Barillot. 2 vol. 4°. v. éc. f.

52. Droit de la nature et des gens, trad. du lat. de
Puffendorf, par J. Barbeyrac. Amsterdam, 1712, 2 vol.
4°. v. br.

53. Traité philosophique des lois naturelles, trad. du
lat. de Cumberland ; par Barbeyrac. Amsterdam. 1744.
1 vol. 4°. v. m.

54. Principes du droit naturel, par J. J. Burlamaqui.
Genève. 1748. in-12. v. br. fil.

55. Les Lois ecclésiastiques de France dans leur ordre
naturel ; par M. L. d'Héricourt. Paris. 1730. 1 vol.
fol. v. m.

56. Defensio declarationis Conventûs Cleri Gallicani an.
1682. De ecclesiast. potestate ; aut. J. B. Bossuet. Amst.
1745. 2 vol. 4°. v. m.

57. Défense de la déclaration de l'assemblée du clergé de
France de 1682 ; par Bossuet, trad. en français. Amst.
3 vol. 4°. v. m. fil.

58. Traités des droits et libertés de l'église gallicane
1731. 2 vol. fol. v. m.

59. Traité de l'autorité des rois touchant l'administration de l'église ; par Talon. Amst. 1700. in-12. v. br.

SCIENCES ET ARTS.

Des sciences en général.

60. Déclamation sur l'incertitude des vanités et abus des sciences, trad. de Henri Corneille Agrippa. 158?. 2 vol. pet. in-12. v. br. fil.

61. Traité de l'incertitude des sciences, trad. de l'anglais. Paris, 1714. in-12. v. br.

Philosophes anciens et modernes.

62. Trésor de la philosophie des anciens. Cologne, 169?. fol. v. br. fig.

63. Histoire de la philosophie payenne. La Haye, 1724. 2 tom. en 2 vol. in-12. v. f. fil.

64. OEuvres de Senèque, trad. par Mathieu de Chalvet. Paris, 1619. 1 vol. fol. lav. règl. mar. noir fil. d. s. t.

65. Les Essais de Michel Montaigne. Paris, Langelier, 1602. 8.° v. br.

66. Les mêmes. Londres. Tonson, 1724. 3 vol. 4.° v. f. fil.

67. De la Sagesse ; par Charon. Leyde, Elzev., 1646. in-12 v. m.

68. Principes de philosophie morale, ou Essai sur le mérite et la vertu. Paris, 1745. 2 vol. in-12. v. br.

69. La philosophie du bon sens ; par d'Argens. Londres, 1737. in-12. v. br.

Morale, économie.

70. Morale de Platon. Paris, 1744. 8°. v. b.

71. La Doctrine des mœurs, tirée de la philosophie des stoiques, représentée en cent tableaux. Paris, 1646. 1 vol. fol. v. m.

72. Les Peintvres morales, où les passions sont re-
présentées par tableaux, par charactères , et par
questions nouvelles et curieuses ; par le P. P. Lemoyne.
Paris , Sebastien Cramoisy, 1640. 1 vol. 4°. v. f.

73. Offices de Cicéron. Paris , 1691. 1 vol. 8.° v. br. —
Tusculanes et Pensées du même , trad. par d'Olivet.
Paris , 1732 et 1744. 2 vol. in-12. v. br.

74. Pibraici tetrastica gallica latinè disticata ; per Nicol.
Harbet. Parisiis , 1566. 4°. v. br.

75. Le Spectateur ou le Socraté moderne. Amst. 1614.
5 vol. in-12. v. f. fil. — La Bibliothèque des dames.
Amst. 2 vol. in-12 v. br. — Le Misantrope. La Haye ,
1726 , 2 vol. in-12. v. f.

76. Les Caractères de Théophraste , et ceux de la
Bruyère. Amst. 1731. 2 vol. in-12. v. f. fil.

77. Les Mœurs ; par Toussaint. Paris , 1748. in-12.
v. éc. fil. — Traité du vrai mérite de l'homme ; par le
Maître de Claville. Paris , 1740. 2 vol. in-12.

78. Les Caractères , par Madame de Puisieux. Londres ,
1750. in-12. v. br. — Nouveaux caractères sur les mœurs
de ce siècle. La Haye , 1700. 2 vol. in-12. v. br.

79. Dictionnaire économique , par Chomel. Paris , 1718.
2 vol. gr. in-fol. v. m. fil.

Politique , finances , commerce.

80. Idea de un principe politico christiano ; por don
Diego Saavedra. En Monaco , 1640. 4°. mar. r.

81. Les œuvres de Machiavel. La Haye , 1743. 6 vol.
in-12. v. m.

82. L'ambassadeur et ses fonctions ; par de Vicquefort.
Paris, 1715. 2 vol. 4.° v. br.

83. Mémoires touchant les ambassadeurs et les ministres
publics. Rouen, 1677. 1 vol. in-12 v. br.

84. Corps universel diplomatique du droit des gens ; par
Dumont. Amst. 1731, 8. f.° v. m. fil.

85. Recueil historique d'actes , négociations et traités ;
par Rousset. La Haye , 1728. 15 vol. in-12. v. f. fil.

86. Histoire des guerres et des négociations qui précédè-
rent le traité de Westphalie ; par le P. Bougeant. Paris ,
1727. 4.° v. br. — Histoire du traité de Westphalie ; par
le même. Paris , 1744. 3 vol. 4.° v. m.

87. Histoire des traités de paix et autres négociations du
dix-septième siècle. Amsterdam , 1725. 2 vol. f.° v.
f. fil. *Voir N.° 84*

88. Traité historique des monnoies de France ; par M. le
Blanc. fig. 1 vol. 4.° v. br.

89. Guidon général des finances ; par J. Hanequin , 1597.
in-12. v. br.

90. Dictionnaire universel de commerce ; par Savary.
Paris, 1723. 2 vol. f.° v. m. fil.

Métaphysique.

92. Opinion des anciens sur la nature de l'ame. 1 vol. 8.°
v. m. fil. manuscrit.

93. Entretiens de Cicéron sur la nature des dieux ; trad.
par d'Olivet. Paris , 1749. 2 vol. in-12. v. m.

94. L'existence de Dieu, démontrée par les merveilles de
la nature. Paris , 1725. 1 vol. 4.° v. m. fil. fig. — De
l'existence et des attributs de Dieu, trad. de Clarke par
Ricottier. Amsterdam, 1717. 2 vol. in-12. v. br.

95. Dissertations sur l'existence de Dieu, où l'on dé-
montre cette vérité par l'histoire universelle de la première antiquité du monde ; par M. Jacquelot. La Haye ,
1697. 1 vol. 4.° v. m. — Propositions et moyens pour
parvenir à la réunion des deux religions en France.
1677. 1 vol. 4.° l. r. m. fil. dent.

96. Essai philosophique concernant l'entendement humain ; trad. de l'anglais de Loke par P. Coste. Amst.
1700. 1 vol. 4.° v. br.

97. Essai sur la manière de perfectionner l'espèce humaine ; par Vandermonde. Paris, 1756. 2 vol. in-12.
v. m.

98. Essai sur les erreurs populaires. 1733. 2 vol. in-12.
v. f. fil.

Magie, démons, sorciers.

99. Tractatus posthumus J. J. Foissardi, vesuntini de
divinatione et magicis præstigiis. in f.º v. brun.

100. Joh. Bapt. Portæ Néapolitani magiæ naturalis libr. XX.
Lugd. Batav. 1651. petit in-12. v. éc. fil. — Calenda-
rium naturale magicum perpetuum. 1716. Manuscrit
orné de gravures symboliques, collées sur chaque
feuille. in-12. v. br.

101. Henrici Cornelii Agrippæ opera omnia. Lugduni,
1600. 2 vol. in-12. v. br.

102. La philosophie occulte de Henri Cor. Agrippa. La
Haye, 1727. 2 vol. 8.º v. f.

103. Gregorii Michaelis, in Jacobi Caffarelli curiositates.
Hamburgi, 1676. in-12, bas. — Curiositez inouyes,
hoc est curiositates inauditæ de figuris Persarum talis-
manicis, etc. Jacobi Caffarelli latine, opera Gregori
Michaelis. Hamburgi, 1678. in-12, bas.

104. Démonomanie des sorciers ; par J. Bodin-Angevin.
Paris, 1580. 1 vol. 8º., v. brun. — Les diverses le-
çons de Pierre Messie, mises en français par Cl.
Gruget, parisien. Lyon. Gabriel Cotier, 1567. in-18,
v. br. — La Physique occulte ; par M. L. L. de Valle-
mont. Paris, 1693. in-12, v. br.

105. La clavicule ou chef de Salomon, roi des hébreux,
fils de David, manuscrit. in-4°., v. br.

106. Discours et histoires des spectres, visions et apparitions des esprits, anges, démons et âmes se montrant
visibles aux hommes ; par P. Loyer. Paris, 1605.
1 vol. 4°., v. brun. — Les six livres de Mario-Equi-

cola ; par Gabriel Chappuis. Paris , 1589. 2 vol. in-12 , v. m. fil. tr. d. — Discours des sorciers , avec six avis en fait de sorcellerie ; par Henri Boguet. Lyon. P. Rigaud , 1608. 8º. , v f. — La belle magie des sciences de l'esprit. Lyon , 1669. 1 vol. in-12 , v. br. fig.

107. Le Comte de Gabalis. Cologne. P. Marteau. 2 vol. in-12 , bas. — Traité sur la magie , le sortilège , les possessions , obsessions et les maléfices ; par M. D. Paris , 1732 , in-12, v. f. — Lettres cabalistiques. La Haye , 1738. 3 vol. in-12, v. m. fil.

108. Dissertations sur les apparitions ; par le P. Calmet. Paris , 1746. in-12, v. br. fil. — Histoire des imaginations extravagantes de M. Oufle. Paris , 1754. 2 vol. in-12 , v. br.

Histoire naturelle , chimie.

109. Caii Plinii secundi , Historiæ Naturalis. Libri XXXVII , quns interprétatione et natis illustravit Joannes harduinus e societate Jesu. Parisiis , Urbain-Coustelier , 1723. 3 vol. fol. , v. m. fil.

110. Histoire naturelle de Buffon. Paris , imprimerie royale , 1745. les 5 premiers volumes.

111. Minéralogie ; par Valmont - de - Bomare. Paris , 1762, 2 vol. 8º. , v. m. fil.

112. Théâtre du jardinage ; par C. Mottes. Paris , 1663, 1 vol. 8º. , v. f. — Institution pour les jardins frui-tiers et potagers ; par la Quintinye. Paris , 1680. 2 vol. 4º. , v. brun.

113. Mémoires pour servir à l'histoire des insectes ; par Réaumur. Paris, imprimerie royale , 1742. 6 vol. 4.º v. m.

114. Histoire naturelle des abeilles. Paris , 1744. 2 vol. in-12. v. br. fig. — Abrégé de l'histoire des insectes pour

servir de suite à l'histoire naturelle des abeilles. Paris,
1747. 2 vol. in-12. v. br. fil.

115. Histoire des poissons, par Rondelet. Lyon, 1558.
1 vol. f.º v. m. fil.

116. Histoire de la philosophie hermétique. Paris, 1742.
3 vol. in-12. v. m. fil.

Médecine, chirurgie.

117. Histoire de la médecine, depuis Gallien jusqu'au
XVI e siècle, trad. de l'anglais du doct. Freind. Paris,
1728. 1 vol. 4.º v. br.

118. Histoire de la médecine; par Daniel Leclerc. La
Haye, 1729. 1 vol. 4.º v. br.

119. Les œuvres d'Hippocrate, trad. en français. Paris,
1697. 2 vol. in-12. v. fil.

120. Nouveau dictionnaire universel et raisonné de médecine. Paris, 1772. 6 vol. in-12. v. m. fil.

121. Gedeonis Harvei ars curandi morbos expectatione.
Amstelodami, 1695. in-12. mar. r. d s. tr.

122. Le médecin de lui-même, ou l'art de se conserver
la santé par l'instinct. Leyde, 1682. in-12. v. br.

123. Méthode naturelle de guérir les maladies du corps
et les déréglemens de l'esprit, trad. de l'anglais de
Cheyne ; par Delachapelle. Paris, 1749. 2 vol. in-12.
v. br.

124. Système des fièvres et des crises; par Noel Falconet.
Paris, 1723 in-12. v. br.

125. Traité des affections vaporeuses des deux sexes; par
Pomme. Paris, 1765. 1 vol. 8.º v. m.

126. Dissertation sur l'incertitude des signes de la mort,
trad. par J. Bruhier. Paris, 1742. in-12. v. br.

127. Traité des alimens, par M. Louis l'Emery. Paris,
1705. in-12 v. br. — Dictionnaire des alimens ; par
M. C. D. chef de cuisine de M. le prince D***.
Paris, 1750, 3 vol. in-12. bas.

128. Recherches crit. et hist. sur l'origine, les divers
états et les progrès de la chirurgie en France. Paris,
1744. 4°. v. m. fil.

129. Recueil de figures anatomiques, au nombre de 41.
Petit. in-fol. v. f. fil.

130. Exposition anatomique de la structure du corps humain ; par Jacques-Benigne Winslow. Paris, 1732.
1 vol. 4.° v. br.

131. De l'usage des parties du corps humain ; par Cl.
Gallien. Paris 1698. in-12. v. m. fil.

132. Les œuvres d'Ambroise Paré. Lyon, 1764. 1 vol.
fol. v. br.

133. Le Tableau de l'amour conjugal ; par Venette. Amst.
1732. 2 vol. in-12. v. f. fil.

134. Description anatomique des parties de la femme qui
servent à la génération, etc. ; par J. Palfyn, avec fig.
Leide. 1 vol. 4.° v. f. fil. dent.

135. Traité des maladies des femmes grosses ; par F.
Mauriceau, 6.e édition. Paris, 1721, 1728, 2 vol.
4.° v. m.

136. Lettres sur le pouvoir de l'imagination des femmes
enceintes. Paris, 1745, 1 vol. in-12. v. br.

137. Matière médicale raisonnée ; par M. Bourgelat. Lyon,
1765. 8.° v. m. fil.

Mathématiques.

138. Théâtre des instrumens mathématiques et méca-
niques de Jacques Besson. 1 vol. fol. v. m.

139. La Géométrie-pratique, contenant la trigonométrie,
la longimétrie, etc. ; par Ozanam. Paris, 1689. 1 vol.
in-12. v. br.

140. Tables de sinus, tangentes et sécantes, et de loga-
rithmes des sinus, tangentes, et des nombres depuis
l'unité jusqu'à 10,000. Paris, 1699. 8.° bas.

Astrologie.

141. Géomancie astronomique de Gerard de Crémone ;
trad. par de Salerne. Paris , Laurent d'Houry, 1687.
Pet. in-12. v. f. fil.

142. La Géomance du seigneur Christofe de Gattau. Par.
1 vol. 4.º v. f. fil.

143. La Chiromancie ; par le sieur de Peruchio. Paris ,
1663. 1 vol. 4º. v. f. fil.

144. La Chiromancie et physionomie par le regard des
membres de l'homme ; par J. Nidagine ; trad. en franç.
par Ant. Dumoulin. Paris , in-18 v. br. fil.

145. Le Monde enchanté , par Balthasar Bekker ; trad.
du hollandais. Amst. 1694. 4 vol. in-18. bas.

146. Prophéties de Merlin. 1 vol. 4.º v. f. fil. ——————

147. Les prophéties de Michel Nostradamus. Troyes.
in-12. v. m. — La Clef de Nostradamus Isagoge ; par
un solitaire, 1710. in-12. bas.

148. La première face du Janus français , extraite des
centuries de Nostradamus ; par J. Aimes de Chavigny.
Lyon, 1594. 4º. , v. br.

149. Pratique curieuse , ou les Oracles des Sybilles. Par.
1717. in-12. — Lettres philosophiques sur les physio-
nomies in-12 , v. br. fil.

Arts , peinture , gravure , architecture.

150. Vie des peintres ; par Dargenville. Paris , 1745 , a
vol. 4.º fig.

151. Museum Florentinium. Florentiæ, anno 1732. 1 v.
gr. fol. v. m. fil.

152. Galerie du palais du Luxembourg. Paris, 1710. 1 v.
gr. fol. v. brun.

153. Recueil de gravures, d'après les dessins de Vatteau.
1 v. fol.

154. Description de la Grotte de Versailles. Paris, Imp.
royale, 1676. 1 v. gr. fol. v. br.

155. Des principes de l'architecture, de la sculpture, de
la peinture, par Félibien. Paris, 1699. 1 v. 4.º v. br.
— Entretiens sur les ouvrages des peintres ; par le
même. Paris, 1690. 2 v. 4.º v. m. r.

156. Traité de la perspective pratique avec des remarques
sur l'architecture ; par Courtonne. Paris, 1725. 1 v.
fol. v. m. fil.

157. L'Architecture française. Paris, 1727. 1 v. fol. obl.
v. m. fil.

158. L'Architecture moderne, ou l'Art de bien bâtir.
Paris, 1728. 2 v. gr. fol. v. m. fil. fig.

159. Dessins de toutes les parties de l'église de S. Pierre
de Rome. 4.º bas.

160. Recueil des plans, profils et élévations de plusieurs
palais, châteaux, églises, bâtis dans Paris et aux en-
virons. Paris. 1 v. 4.º v. br.

161. Recueil d'estampes et de plans au nombre de 45 ;
plans, partie à la main, partie gravés. 1774. 1 v. gr.
fol. v. m. fil.

162. L'Art de bâtir les vaisseaux et d'en perfectionner la
construction. Amsterdam, 1719. 1 v. 4.º v. brun. fig.

Art militaire.

163. Dictionnaire militaire. Paris, 1745. 2 v. 8.º v. m.

164. L'arbre des batailles, divisé en 4 parties, manuscrit
gothique. 1 v. 4.º v. f. fil.

165. L'Epée de Girard Thibault d'Anvers. 1 v. gr. fol. v.
br. fig.

166. Le maréchal de bataille ; par Delostelnau. Paris,
1647. 1 v. fol. v. b.

167. Charge des gouverneurs, des places ; par Deville.
Paris, 1639. 1 v. 4.º v. f.

168. Code militaire, ou Mémoires sur la guerre. Paris,
1731. 4 v. in-12. v. br.

169. Les travaux de Mars; par Allain-Manesson Mallet.
La Haye, 1696. 3 v. 8.º fig. v. br.

170. L'Ecole de Mars; par Guignard. Paris, 1725. 2 v.
4.º v. m.

171. Ecole de cavalerie; par Laguérinière. Paris, 1733.
fol. v. m. fil.

172. Exercice de l'infanterie française, dessiné par S. R.
Baudouin. 1757. gr. fol. cart.

173. Recueil de dix plans de batailles, faits à la main,
lavés, coloriés.

174. Les mémorables iovrnées des François, ov sont des-
crites levrs grandes batailles et levrs signalées victoires;
par Le R. P. Ant. Girard, enrichies de figures en taille
douce. Paris, Iean Henavlt, 1647. 1 v. 4.º v. f.

175. Théâtre de la guerre des Pays-Bas. 1 vol. folio. bas.
fig.

176. Plans et Journaux des siéges de la dernière guerre
de Flandres. Strasbourg, 1750. 4.º v. br. fil.

177. Peribologia Wilhelimi Dilichii. Francofurti, 1641.
fol. vél.

178. Traité des camps fortifiés. in-12. manuscrit. lavé
réglé. v. f.

179. Dictionnaire de la Marine. Amsterdam, 1722. 1 v.
4.º v. brun. fig. — Ordonnance de la Marine du mois
d'août 1681. Paris, 1714. 1 v. 4.º v. m.

Musique, danse.

180. Dialogue sur la musique des anciens; par Château-
neuf. Paris, 1725. 1 v. in-12. v. br. — Histoire générale de la danse, sacrée et profanée; par M. Bonnet.
Paris, 1724. 1 v. in-12. bas. — Le Maître à danser;
par Rameau. Paris, J. Villette, 1725. 8.º v. br.

BELLES-LETTRES.

Traités généraux, dictionnaires.

181. De la manière d'enseigner et d'étudier les belles-lettres; par Rollin. 4 v. in-12. v. m. fil.

182. Pratique de la mémoire artificielle; par Buffier. Paris, 1727. 2 v. in-12. v. m. fil.

183. Vanierii Dictionarium poeticum. Lugduni, 1722. 1 v. 4.º v. br.

184. J. A. Commenii Janua Linguarum. Parisiis, 1659. in-24. v. br.

185. Le Dictionnaire royal; par Pomey. 1716. 1 v. 4.º v. m. fil. — Trésor des langues française et latine, ou Dictionnaire français et latin de J. Gaudin. Paris, 1724. 4.º v. brun.

186. Dictionnaire universel français, latin, de Trévoux. 1721. 5 v. fol. v. m.

187. Nouveau Dictionnaire de l'Académie française. Paris, 1718. 2 v. gr. fol. v. m. fil.

188. Dictionnaire de Furetière. La Haye, 1690. 3 v. fol. v. m.

189. Dictionnaire de Richelet. Lyon, 1728. 3 v. fol. v. m. fil.

190. Dictionnaire de rimes; par ce même. Paris, 1702. 1 v. in-12. v. brun.

191. Les Origines de la langue française; par Casseneuve. Paris, 1784. 1 v. fol. v. m.

Poètes grecs et latins, etc.

192. Le théâtre des Grecs; par le R. P. Brumoy. Paris, 1770. 3 vol. 4.º v. m. fil.

193. Sapphus poetæ Lesbiæ fragmenta; J. Chr. Curante Wolfio. Londini, 1733. 1 vol. 4.º v. br.

194. Les Dionysiaques, trad. du grec de Nonnus; par Boitel. Paris, 1625. 2 vol. 8.º v. f.

195. Corpus

195. Corpus omnium veterum Pœtarum latinorum. 1721. 48-10
   2 vol. fol. v. f. fil. dent.

196. Pub. Terentii comœdiæ, sex ex recensione hein- 1-2
   siana. Amstelodami, typis Danieli Elzevirii, 1665.
   in-12. m. r. d. s. t.

197. Eædem, curante Arn. Henr. Wester-hovio. Hagæ- 9-
   Comitum, 1726. 2 vol. 4.° v. f.

198. Comédies de Térence; trad. par Dacier. Paris, 5-4
   1681. 3 vol. in-12. v. br.

199. Catullus Tibullus et Propertius. Parisiis, 1529. 1 vol. 3-19
   in-12 v. fil. d. s. t.

200. P. Virgilii Maronis, opera. Parisiis. Coustelier, 7-
   1745. 3 vol. in-12. v. m. fil. d. s. t.

201. Les Géorgiques de Virgile, en vers français, par 9-4
   Segrais. Paris, 1711. 1 vol. 8.° v. m. — L'Enéide,
   par le même. 1681. 2 vol. 4.° m. r. tr. d.

202. Le Virgile travesti; par Scarron. Paris, 1705. 2 v. 2-19
   in-12. v. br.

203. Q. Horatius Flaccus. Amstelodami, 1713. 2 vol. 8-4
   4.° v. f.

204. Idem curante, J. Jouvency. Parisiis, 1696. 3 vol. 3-1
   in-12. v. br.

205. Le même, traduit par Dacier. Paris, 1697. 10 vol. 4-
   in-12. v. m.

206. Ovidii Nasonis, opera. Londini, 1715. 3 vol. in-12. 15-19
   v. m.

207. Les Métamorphoses d'Ovide; trad. par M. Duryer. 9-4
   Amsterdam, Blaeu, 1702. 1 vol. fol. v. m.

208. Les Métamorphoses d'Ovide, trad. par Banier. 63-
   Amsterdam, Westein, 1732. 2 vol. gr. fol. fig. v.
   m. fil. *Défectueux*

209. Commentaires sur les Epîtres d'Ovide, par 4-19
   Gaspar Bachet de Meziriac. La Haye, 1716. 2 vol.
   8.° v. m. fil.

2

210. Juvenalis et Persii Satiræ. Parisiis, Barbou, 1729. 1 vol. in-12. v. m.

211. Eædem Lugduni. 1535. 1 vol. in-12. v. fol. — m. v. Martialis Epigrammata. 1612. in-24. v. br.

212. Martialis epigrammata curante Scriverio. Amstelodami. Elzevir, 1650. in-24. m. r. tr. d.

213. Epigrammatum Delectus. Londini, 1711. in-12. v. br.

214. Jacobi Vanierii Prœdium Rusticum. Lutetiæ, Parisiorum, 1707. 1 vol. in-12. v. br.

215. Anti-Lucretius, Autor. Melchior de Polignac. Parisiis, 1747. 2 tom. 1 vol. 8.º v. éc. fil. — L'Anti-Lucrèce, trad. par M. de Bougainville. Paris, 1749. 1 vol. 8.º v. éc. f.

216. Merlini Cocaii Poemata Venetiis. 1554. 1 vol. in-12. v. éc. fil. fig. — Histoire Macaronique, de Merlin Cocaie, 1734. 2 vol. in-18. v. m. fil.

Poëtes Français.

217. Recueil de vers du 14.ᵉ siècle. 4.º v. m. fil. manuscrit.

218. Le Parnasse des poëtes français modernes de Corrozet. Paris, 1571. in-12, m. v. d. s. tr.

219. Le Parnasse des Muses, recueil des plus belles chansons. Paris, 1628, 1634. 3 vol. in-12, v. br.

220. Recueil des plus belles épigrammes des poëtes franç. ; par MM. de Port-Royal. Paris, 1698. 2 vol. in-12, v. b.

121. Bibliothèque poétique. Paris, 1745. 4 vol. 4º., v. m. fil.

222. Le roman de la Rose. Paris. Longis, 1537. 2 vol. in-12, v. br.

223. Les Poésies du roi de Navarre, Thibault comte de Champagne. Paris, 1742. 2 vol. in-18, v. m. fil.

224. La danse aux aveugles, et autres poésies du 15.ᵉ siècle. Amsterdam, 1749. in-12, v. br.

225. Poëmes d'amour de B. Baddel-Bassinois. Amster- 3 14
dam, 1616. pet. 4°. , v. m. fil.

226. Opuscules d'amour ; par Heroet, la Borderie et 6 —
autres divins poëtes. Lyon, 1547. in-12, v. br.

227. OEuvres poétiques de Melin, de St.-Gelais. Paris ,
1719. 1 vol. in-12, v. m. fil. — Les OEuvres de J. 6 .
Godard. Lyon, 1594. 8°. , v. m. fil. — Nouvelles
OEuvres de Théophile, recueillies par Mayret.
Paris, 1642. 1 vol. in-12, v. m. fil.

228. Le Villebrequin de maître Adam, menuisier de Ne- 5 2
vers. Paris, 1663. in-12, v. br.

229. Les Chevilles de maître Adam. Paris, 1644. 4°. v. b. 7 18

230. La farce de Pathelin , poésies de Martial, de Paris, 16 19
de Coquillart, Villon, Cretin, Marot. Paris. Cous-
tellier , 1723. 6 vol. in-12, v. f. f.

231. OEuvres de maître François Villon. 1532. in-18, 6 12
v. brun fil.

232. Les OEuvres de Clément Marot. Rouen, 1596. in-18 1 10
v. br.

233. OEuvres de Regnier. Londres, 1729. 1 vol. 4°., 4 10
v. m. fil. —

234. OEuvres de Malherbe. Troyes, 1635. 1 v. in-12, 2 1
v. br. — Poésies diverses de N. de Brébeuf. Paris,
1662. in-12, v. br.

235. La Pucelle, par Chapelain. Paris, 1656. 1 vol. fol. 5 5
v. m. fil. dent. tr. d. fig.

236. OEuvres de La Fontaine. Anvers, 1726. 3 vol. 11 .
4.° v. f. fil.

237. OEuvres de Boileau. Paris, 1717. 4.° v. f. — Les 3 10
mêmes. Paris, 1713. 4.° v. fil.

238. Les mêmes. Amsterdam, David Mortier, 1717. 3 .
4 vol. in-12. v. m.

239. Les mêmes. Amsterdam, David Mortier, 1718. 9 .
2 vol. 4° v. m. fil.

240. Les mêmes. La Haye, 1729. 2 vol. gr. fol. v. m. fil. fig. 17 10

241. OEuvres de J. B. Rousseau, 1723. 2 v. 4.º v. m. fil.

242. Les mêmes. Amsterdam, 1729. 3 vol. in-12. v. br.

243. OEuvres diverses de Ségrais. Amsterdam, 1723.
2 vol. in-12. v. br. — Poésies de M. de la Monnoye
de l'Acad. franç. La Haye, 1716. 1 v. in-12. v. m. fil.
— Poésies françaises de M. Regnier-Desmarais. Paris,
1708. 2 vol. in-12. v. br.

244. OEuvres de M. de et de M.lle Deshoulières. Paris,
Prault, 1747. 2 vol. in-12. — OEuvres de Chaulieu.
Paris, 1750. 2 vol. in-12. v. br. — OEuvres de
Gresset. Londres, 1748. 2 vol. in-12. v. porph. fil.

245. La Henriade. Londres, 1728. 1 vol. 4.º v. f. fil.

246. Malthe, ou l'île Adam, poëme; par Privat de Fon-
tanilles. Paris, 1749. 8.º m. r. fil. tr. d.

247. Jardin deys Musos provensalos; par Claude Brueys.
Aix, 1628. 2 vol. in-12.

248. Recueil de Poëtes gascons. Amsterdam, 1700.
2 vol. in-12. baz.

249. Noei Borguignon de Gui Barozai (Lamonnaie.) In
Dioni, 1720. in-12. v. br.

250. Inventaire général de la Muse normande, divisé
en dix-sept parties; par David Ferrand. Rouen, 1655.
1 vol. 8.º v. br.

Théâtre français et italien.

251. Le Comédien, par Rémond de Sainte-Albine. Paris,
1747. 8.º

252. Théâtre français. Paris, 1747, 12 vol. in-12. v. br.

253. Théâtre français, ou Recueil des meilleures pièces
de théâtre. Paris, 1737, 12 vol. in-12, v. br.

254. Les Tragédies de R. Garnier. Paris 1599. in-12.
v. br.

255. Théâtre de P. Corneille Paris, 1692. 4 vol. in-12.
v. br.

256. Théâtre de Quinault. Paris, 1715. 5 vol. in-12.
v. br. fig.

257. OEuvres de Molière. Amst. 1691. 6 vol. in-12. v. m.
fil. fig.

258. Les mêmes. Paris, 1734. 6 vol. 4°. v. m. f.

259. OEuvres de Racine. Londres, Tonson, 1723. 2 vol.
4°. v. m. f. d. s. t. fig.

260. OEuvres de Montfleury. 2 vol. — OEuvres de
Poisson. 2 vol. — Théâtre de Boursault. 2 vol.

261. OEuvres de Baron. Paris, 1687. in 12. v. br. —
Théâtre de Regnard. Paris, 1724. 2 vol. in-12. v. br.

262. Théâtre de Legrand. Paris, 1731. 4 vol. in-12. v. m.

263. OEuvres de Dufreny. Paris, 1731, 6 vol. in-12.
v. f. fil.

264. OEuvres de Dancourt, Paris, 1729. 9 vol. in-12. v.
br. fig.

265. OEuvres de Campistron. 2 vol. — OEuvres de
Lafosse. 1 vol. in-12. v. br. — OEuvres de la Grange-
Chancel. 3 vol. in-12.

266. Tragédies de Barbier, 1 vol. — Théâtre de Lamotte.
Paris, 1730 , 2 vol. in-12. v. m.

267. Théâtre de Brueys. Paris, 1735. 3 vol. in-12. —
OEuvres d'Autreau. 4 vol. in-12.

268. Histoire du Théâtre Italien, par L. Riccoboni. 1 vol.
8.° — Nouveau Théâtre Italien. Paris, 1729. 8 vol.
in-12. — Parodies du nouveau Théâtre Italien. Paris.
3 vol. in-12. v. f. fil.

269. Théâtre de la Foire, par Lesage et d'Orneval. Paris,
1728. 6 vol. in-12. v. m. fil.

Poètes étrangers.

270. Aminta di Tasso-Filli di Sciro di Bonarelli. 2 vol.
in-24. v. br. fig. de Seb. Leclerc.

271. La Gierusalemme liberata di Torquato Tasso. Ams-

terdam , Elzév. 2 vol. in-24. v. br. fig. de Seb. Leclerc.

272. Jérusalem délivrée , nouvelle trad. par Mirabaud. 1724. 2 vol. in-12. v. m.

273. Le Roland fvrieux , traduict par Rosset. Paris , 1 vol. 4.º v. br. fig.

274. Il Pastor fido , avec une nouvelle traduction. Paris , 1733. in-12. v. m. fil. — La Philis de Sciro , traduit en français avec le texte. Amsterdam , 1707. 1 vol. in-12. v. br.

275. Il cimiterio epitafy Giocosi di Gio. Franc. Loredano di Pietro Michiele , 1645. 1 vol. in-12. v. br.

276. La Lusiade , trad. par Duperron de Castera. Amst. 1735. 3 vol. in-12. v. f. fil.

277. Le théâtre anglais. Londres , 1749. 8 vol. in-12. v. m. fil.

Mythologie , fable , emblèmes.

278. Tableaux de Philostrate , mis en français. Paris , 1614. 1 vol. f.º v. m. fil.

278 *bis.* Le temple des Muses , orné de 60 tableaux ; par B. Picart. Amsterdam , 1733. 1 vol. g. f.º v. m. fil.

279. Explication historique des fables. Paris , 1711. 2 vol. in-12. v. br. — Conférences de la fable avec l'histoire sainte , par Lavaur. Paris , 1730. 2 vol. in-12. v. br.

280. Esope en belle humeur. Bruxelles , 1700. 2 vol. in 12. v. f. fil. fig. — L'Âne d'or d'Apulée. Paris , 1648. 1 vol. in-12. v. br. fil.

281. Fables diverses , italiennes et françaises. Paris , 1693. 1 vol. in-12. v. m. fil. — Fables de Pilpay. Paris , 1698. in-12. bas.

282. Fables de la Fontaine. Paris , 1729. 1 vol. in-12. v. m. fil.

283. Fables de la Motte. Paris , 1719. 4.º v. br. fig.

284. Amorum emblemata. Antuerpiæ, 1608. 8.º v. br. fig.

285. De l'art des devises, par le P. le Moyne. Paris, 1666.
4.° v. br.

286. Le livret des emblèmes de maître André Alciat, mis
en rime française. Paris, 1636. 8.° m. bl. d s. t.

287. Essai sur les hiéroglyphes des Egyptiens, traduit
de l'anglais de Warbuton. Paris, 1744. 2 vol. in-12.
v. br. fil.

Romans.

288. De l'usage des romans, par Lenglet du Fresnoy.
Amsterdam, 1734. 2 vol. in-12. v. brun.

289. Les amours de Théagènes et de Chariclée. Amst.
1727. — Les amours de Leucippe et de Clitophon.
Amsterdam, 1733. 1 vol. in-12. v. f. — Les amours
pastorales de Daphnis et de Chloé. 1 vol. 4.° v. br.
Manuscrits.

290. Discours du songe de Poliphyle, trad. par Béroalde
de Verville. Paris, 1600 f.° v. br.

291. Tarsis et Zélie. Paris, 1666. 4 vol. in-12. v. br.

292. Les aventures de Télémaque. Paris, 1730. 1 vol.
4.° v. m. fig.

293. Amadis des Gaules, trad. de l'espagnol par d'Her-
beray. Lyon, 1560, sav. de 9 à 21, 23 vol. in-18.
m. r. d. s. tr. Plus, la première partie des tomes 2 et
8 et le tom. 7, et de 22 à 24 8.° m. r. d. s. tr.

294. Le même. Amsterdam, 1750. 4 vol. in-12. v. br.
fil.

295. Histoire admirable des chevaliers du soleil; par Louis
Douet. 1626. 8 vol. in-12. mar. d. s. tr.

296. Histoire du chevalier du soleil. Amst. Pierre Mortier, 1750. in-12. v. br. fil. — Histoire du Vaillant
chevalier Tiran le Blanc, trad. de l'espagnol. 2 vol.
in-12. v. br. fil. — Histoire de Pulmerin d'Olive, empereur de Constantinople, 1 vol. in-12. v. br.

297. Bérenger, comte de Lamark. Paris, 1645. 4 vol. 8.º m. r. d. s. tr.

298. Histoires tragiques de François Belle-Forest. Rouen, 1604. 7 vol. in-12. mar. vert. d. s. tr.

299. Histoire de très-noble et chevaleureux Gerard, comte de Nevers. Paris, 1728. 1 vol. in-12. v. br. — L'Histoire plaisante et chronique du petit Jehan de Saintré, de la jeune dame des belles cousines, sans autre nom nommer. Paris, 1724. 3 vol. in-12. v. m. fil.

300. Histoire de l'admirable don Quichotte de la Manche. Paris, 1741. 6 vol. in 12. m. v. fil. tr. d.

301. Les très-merveilleuses victoires des femmes du nouveau monde; par Guillaume Postel. Paris, 1553. in-12, m. noir fil. tr. d.

302. L'amour échappé, ou les diverses manières d'aimer, contenues en quarante histoires avec le parlement d'amour. Paris, 1669. 3 vol. in-12. v. br.

303. Les triomphes de la noble et amoureuse dame, et l'art de honestement aymer. Paris, 1745. 8.º mar. r. d. s. tr.

304. Alcidamie, par mademoiselle des Jardins, divisée en trois parties. Paris, 1661. 4 vol. in-12 v. m. fil.

305. La jeune Alcidiane, par Gomberville. Paris, 1651. in-12. v. br. — La nouvelle Astrée. Paris, 1713. in-12. v. br.

306. Almahide, ou l'Esclave reine; par Scudéry. Paris, 1663. 8 v. in-12. m. v. tr. d.

307. Cithérée. 1640. 4 v. in-12. v. m. fil.

308. Macarise, ou la Reine des Isles Fortunées; par François Hédelin. Paris, 1664. 2 v. in-12. v. m. fil. — Le Caloandre fidèle. Amsterdam, 1740. 3 v. in-12. v. éc. fil.

309. L'Histoire véritable, ou le Voyage des Princes fortunés; par Bervalde-Deverville. Paris, 1610. 1 v. 8.º

v. brun. — Le Roman satyrique de Jean de Lannel. Paris, 1624. 1 v. 8.º v. br. — L'Anti-Roman, ou l'Histoire du berger Lysis ; par J. de Lalande. Paris, 1633. 2 v. in-12. v. m. fil.

310. Le Roman bourgeois ; par Antoine Furetière. Amst. David Mortier, 1714. in-18. v. br. — Vie et Avantures de Lazarille de Tormes. Bruxelles, 1704. p. in-12. v. br. — Les tours de maître Gonin. Paris, Ch. Leclerc. 1713. 2 v. in-12. v. br.

311. Histoire de don Ranucio d'Alétès, écrite par lui-même. 2 vol. in-12. v. br. fil. fig. — Mémoires de Gaudentio di Lucca. 1746. 2 v. in-12. v. br. fil.

312. Histoire de Gusman d'Alfarache. 2 v. in-12. — Les Aventures du chevalier Beauchêne. 2 v. in-12. v. br. — Histoire d'Estevanille Gonzalez ; par Lesage. in-12. — Vie de don Alphonse Blas de Lirias, fils de Gilblas de Santillane. Amst. 1744. p. in-12. v. br.

313. Le Doyen de Killerine. 1740. 3 v. in-12. v. éc. fil.

314. Campagnes philosophiques. 2 v. in-12. fil. — Histoire d'une Grecque moderne ; par Prévost. 1740. in-12. v. éc. fil.

315. Le Paysan parvenu, par Marivaux. Paris, 1734. in-12. v. f. — Paysanne parvenue ; par le chevalier de Mouhy. La Haye 1737. 3 v. in-12. v. m. fil.

316. Amusemens des eaux d'Aix-la-Chapelle. Amsterdam, 1736. 3 v. in-12. v. br. — Amusemens des eaux de Spa. Amst. 1734. 2 v. in-12. v. f.

317. Les Aventures de Joseph Andrews. Londres, 1743. 2 v. in-12. — Le véritable Ami, ou la Vie de David Simple. in-12. v. br. fil.

318. Paméla, ou la Vertu récompensée. Londres, 1742. 4 v. in-12. v. éc. fil.

319. Histoire de Tom Jones, traduit de l'anglais ; par Delaplace. 4 tom. en 2 vol. in-12. v. br. fil. fig.

4 -10 { 320. Contes orientaux. 2 vol. in-12. v. m. fil. fig. — Les
  Contes et Fables indiennes ; par Galland. Paris, 1724.
  2 v. in-12. v. f.

34 -10 {
321. Les Mille et une nuits, contes arabes, traduits en
  français; par Galland. Paris, 1726. 6 v. in-12. v. br.
  fil.

321 *bis*. Les mille et un jours, contes persans. Paris,
  1712. 5 vol. in-12, v. m. fil.

322. Contes tartares, ou les Mille et un quart-d'heure,
  Paris, 1730. 3 v. in-12. v. m. fil. fig.

323. Contes mogols, ou les Sultanes de Guzarate, ou
  les Songes des Hommes éveillés. Paris, 1732. 3 vol.
  in-12. v. m. fil.

Contes facétieux.

2 — 224. Il Decameron di Messer, Giovanni Boccaccio.
  Amsterdam, 1665.

7 19 325. Contes et nouvelles de Boccace, fig. de romain-de-
  Hooge. Amst., 1697. 2 vol. in-12, v. f. fil.

8 -4 326. Contes de Boccace, trad. Cologne, 1712. 2 vol.
  in-12, v. f. fil. fig.

327. Contes et nouvelles de Boccace. La Haye. Gosse,
  1733. 2 tomes en 1 vol., v. f. fil.

6 19 328. Contes et nouvelles de Marguerite de Valois, reine
  de Navarre. Amsterdam, 1708. 2 v. in-12, v. f.

6 — { 329. Contes et discours d'Entrapel. 1586, in-12, v. br.
  fil. — Les mêmes 1732. 2 vol. in-18, v. m. fil.

5 1 330. Nouvelles et plaisantes imaginations de Bruscam-
  bille. 1615. 1 vol. in-12. vel.

4 5 331. Contes et nouvelles en vers, de La Fontaine,
  Amst., 1701. 2 tomes en 1 vol., v. m. fil, fig.

332. Contes et nouvelles de Vergier , et de quelques
auteurs anonymes. Paris. Coustelier , 1727. 2 vol.
in-12, v. f.. m. fil.

332 *bis*. La plaisante et joyeuse histoire du grand géant
Gargantua. Valence , 1547. 1 vol. in-18 , v. éc.. fil.
— Gomgam ou l'homme prodigieux. Amst. , 1713.
2 vol. in-12 , v. br.

333. La Fovyne de Séville. Paris , 1661. 1 vol. 8º., bas.

334. Aresta amorum LII. Parisiis , 1555. in-12, v. br. -

335. Les amans de Siennes , ou les femmes font mieux
l'amour que les veuves et les filles ; par Louvencour.
Leyde ,7106. 1 vol. 8º. , v. f.

336. Les yeux , le nez , etc. Amsterdam , 1734. 1 vol.
in-12, v. f.

337. Mil quatre-vingt et quatre demandes , avec les so-
lutions et réponses , tous propoz , œuvres curieux et
moult recréatif, selon le saige Sidrach. Paris, Galiot-
Dupré , 1531. 1 vol. p. 8º. , m. c. , d. sur t.

338. Les Facécieuses nuicts du seigneur Straparole.
1726. 2 vol. in-12, v. f. m. fil.

339. Les nouvelles récréations de Bonaventure Desper-
rières. 1553. 8º. , v. f.

340 Les Maîtres-d'Hôtel aux Halles, le cavalier Crotexte
et l'apothicaire empoisonné. Nouvelles comiques.
Paris , 1670 , petit in-12 , v. br. — Festin joyeux ,
ou la cuisine en musique , en vers libres. Paris , 1738.
in-12, v. br. fil.

Satyres , apologies.

341. Satyre de Pétrone, par Boispreaux. La Haye , 1742.
2 vol. in-12 , v. f.

342. OEuvres de maître François Rabelais. 1732. 5 vol.
8º. , v. br. fil.

343. Le Conte du tonneau ; par le docteur Swift ; trad. de l'anglais, à La Haye , 1721. 2 v. in-12 , v. f. fil.

344. Alphabet de l'imperfection , et malice des femmes , par Jacques Olivier. Paris , 1623. 1 vol. in-12 , mar. r. d. s. t. — Le même. Rouen , 1685. 1 vol. in-18, v. f.

345. Henry Corneille-Agrippa sur la noblesse et excellence du sexe féminin , de sa prééminence sur l'autre sexe, et du sacrement du mariage ; par de Gueudeville. Leyde , 1726. 3 vol. in-12 , v. m. fil.

346. Satyre ménippée de la vertu du catholicon d'Espagne , et de la tenue des états de Paris. 1614. in-12 , v. br. — Mémoires pour servir à l'histoire de la calotte. 1732. in-18 , v. f. fil.

347. L'Hôpital des fous incurables. Paris , 1620. 1 vol. 8.º v. br. — L'Homme inconnu , ou les équivoques de la langue, dédié à Bacha Bilboquet. Paris, 1723. in-12. v. br.

348. Apologie pour Hérodote ; par Henri Estienne, avec les notes de Le Duchat. La Haye , 1755. 3 vol. in-12. v. f. — Recherches et dissertation sur Hérodote ; par Bouhier. Dijon , 1746. 4.º v. m. fil.

Polygraphes.

349. Lucien, de la traduction de N. Perrot, d'Ablancourt. Paris, 1688. 3 vol. in-12. v. br.

350. OEuvres de maître Alain Chartier. Paris, 1617. 1 vol. 4.º v. br. fil.

351. OEuvres de Voiture. Paris, 1691. 2 vol. in-12. v. br.

352. OEuvres de Bensserade. Paris, 1697. 2 vol. in-12. baz. — OEuvres mêlées de St. Evremond. Amsterdam. Mortier, 1706. 5 vol. in-12. v. m.

353. OEuvres diverses de Balzac. Amsterdam, Elzevir, 1604. 1 vol. in-12. v. m. — Lettres de Balzac, 2.e éd. Paris, 1537. 4 vol. in-12. v. f. fil.

554. OEuvres de Scarron. Paris, 1700. 4 vol. in-12. v. br.

355. OEuvres de Fontenelle. A la Haye, 1728. 3 vol. 4.° v. m. fil. fig.

356. OEuvres du comte Hamilton. Utrecht, 1731. 5 v. in-12. m. vert. fil. tr. d.

357. OEuvres diverses du P. Rapin. La Haye, 1725. 3 vol. v. m. fil.

358. OEuvres diverses de M. Pelisson, de l'Acad. franç. Paris, 1735. 3 vol. in-12. v. f.

359. Les OEuvres de M. l'abbé de St. Réal. Paris, 1745. 3 vol. 4.° v. m. fil.

HISTOIRE.

Géographie, voyages.

360. Dictionnaire universel, géographique et historique; par Corneille. Paris, 1708. 3 vol. fol. v. br.

361. Nouvel Atlas, ou Théâtre du monde, avec des cartes, planches coloriées, divisé en six parties. Amsterdam, Janson, 1658. 6 vol. fol. en vél. rel. d. s. tr.

362. Cosmographie universelle, d'André Thevet. Paris, 1575. 2 vol. fol. v. br.

363. De l'utilité des voyages; par M. Baudelot d'Airval. Rouen, 1727. 1 vol. in-12. v. br.

364. Les Entretiens des Voyageurs sur la mer. Cologne, 1715. 4 vol. in-18. v. br.

365. Histoire générale des Voyages; par Prevost. Paris, 1746. Les huit premiers vol. v. jasp.

366. Voyage autour du monde ; trad. de l'italien, de Gemelli Careri ; Paris, 1719. 6 vol. in-12. v. f. fi l.

367. Nouveau Voyage autour du monde ; par le Gentil. Amsterdam, 1728. 2 vol. in-12. v. m. fil.

368. Voyage autour du monde ; par George Anson. Amsterdam, 1749. 1 vol. 4.° v. br.

369. Le Voyageur d'Europe ; par Jouvin, de Rochefort. Paris, 1676. 7 vol. in-12. v. br.

370. Voyage historique de l'Europe. Paris, 1700. 8 vol. in-12. baz.

371. Description générale de la France ; par Jean Blaeu. Amsterdam, J. Blaeu, 1663. 2 vol. gr. in-fol. avec cartes et planches. v. m.

371 bis. Dictionnaire universel de la France ancienne et moderne. Paris, 1726. 3 vol. fol. v. m. fil.

372. Nouvelle description de la France ; par Piganiol de la Force. Paris, 1742. 8 vol. in-12. v. br.

373. Topographia Galliæ ; per Martinum Zeillerum. Francofurti, 1655. 3 vol. fol. v. m. fil. fig.

374. Topographia Westphaliæ ; à Mathæo Merian. 1 vol. fol. fig. v. br.

375. Topographia Palatinatûs Rheni ; à Mathæo Merian, 1645. fol. fig. v. br.

376. Topographia Sueciæ ; à Methæo Merian. Francofurti ad Monum, 1643. 1 vol. fol. fig. v. br.

377. Danubius Pannonico Mysicus Aloysii, Ferd. com. de Marsigi. Hagæ Comitum. 3 vol. gr. fol. v. m. fil. fig.

378. Nouveau Théâtre d'Italie, sur les dessins de Jean Blaeu. Amsterdam, Pierre Mortier, 1704. 4 vol. gr. fol. cart.

379. Théâtre des Etats du duc de Savoie, prince de Piémont, roi de Chypre. La Haye, 1700. 2 vol. gr. fol. rel. v. d. s. tr. fig.

380. Les Délices de l'Italie. Paris, 1707. 4 vol. in-12. bazi

381. Voyage d'Italie, de Dalmatie, de Grèce et du Levant ; par Jacob Spon Wheller. La Haye, 1724. 2 vol. in-12. v. f. fil. — Voyage historique d'Italie. La Haye, 1729. 2 vol. in-12. v. m.

381 *bis*. Voyage d'un Français en Italie, fait dans les années 1765 et 1766. Venise, 1769. 8 vol. in-12. v. m. fil.

382. Voyage du P. Labat en Espagne et en Italie. Paris, 1730. 7 tom. form. 8 vol. — Voyage du chevalier Dumarchais en Guinée et à Cayenne ; par le P. Labat. Paris, 1730. 4 vol. in-12.

383. Les Délices des Pays-Bas. Bruxelles , 1711. 3 vol. in-12. v. br. 1 double exemplaire.

384. Relation du Voyage de Sa Majesté Britannique, en Hollande, et de la réception qui lui a été faite. La Haye, 1692. fol. v. br.

385. Voyages de C. Bruyn, par la Moscovie et en Perse, orné de fig. Paris, 1625. 5 v. 4.º v. m. fil.

386. Relation du Voyage d'Adam Olearius, en Moscovie, Tartarie et Perse, traduit de l'allemand ; par A. Vicquefort. Paris, 1659. 2 v. 4.º v. br.

387. Les Voyages de Jean Struys, en Moscovie, en Tartarie, en Perse, etc. Lyon, 1682. 3 v. in-12. v. f. fil.

388. Voyages faits principalement en Asie, dans les 12, 13, 14 et 15.e siècles ; par Bergeron. La Haye, 1735. 1 v. 4.º v. br.

389. Voyage au levant fait dans l'Asie mineure, etc. ; par C. Lebruyn. Paris, 1725. 4 v. 4.º v. m. fil.

390. Voyages des Indes Orientales ; par Carré. 1699. 2 v. in-12. v. br. fil. — Nouveau Voyage fait au levant ; par Tollot. Paris, 1742. 1 v. in-12. v. éc.

391. Journal d'un Voyage fait aux Indes Orientales ; par ordre de la Compagnie. La Haye, 1721. 3 vol. in-12. v. m. fil.

392. Pausanias, ou Voyage historique de la Grèce, trad.
par Gedoyn. Paris, 1731. 2 vol. 4.º v. m. fil. — Un
double exemplaire.

393. Les Observations de plusieurs singularités et choses
mémorables, trouvées en Grèce ; par P. Belon. Paris.
1 v. 4.º v. br.

394. Voyage de Dalmatie, de Grèce et du Levant, trad.
de l'angl. de Wheler. La Haye, 1723. 2 v. in-12. v. br.

395. Voyage du Paul Lucas, dans la Grèce, l'Asie
mineure, etc. Paris, 1712. 2 tom. en 3 vol. in-12. v. br.

396. Description exacte de l'Archipel et de quelques
autres îles adjacentes, trad. de l'allemand d'O. Dapper.
Amsterdam, 1703. 1 v. fol. v. m. fig.

397. Relation nouvelle d'un Voyage de Constantinople ;
par Grelot. Paris, 1680. in-4.º v. f. f. fig. — Nouvelle
relation de l'intérieur du sérail du Grand-Seigneur ; par
J. B. Tavernier. Paris, 1675. 1 v. 4.º v. br.

398. Lettres du baron de Busbeck. Paris, 1748. 3 vol.
in-12. v. br.

399. Voyage de Thévenot. Paris, 1664. 1 v. 4.º v. f.

400. Voyage de Chardin, en Perse. Amst. 1711, 10 vol.
in-12. v. f. fil.

401. Voyage en Turquie et en Perse ; par Otter. Paris,
1747. 2 v. in-12. v. m. — Voyages de Texeira, ou
l'Histoire de Perse, traduit d'espagnol en français.
Paris, 1681. 2 v. in-12 v. br.

402. Voyage de Jean Ovington, traduit de l'anglais. Paris,
1725. 2 v. in-12. v. f.

403. L'Ambassade de la Compagnie orientale des provinces unies vers l'empereur de la Chine, et le grand
Cam de Tartarie. Leyde, 1665. 1 v. fol. v. br. double
exemplaire.

404. Anciennes relations des Indes et de la Chine, trad.
de l'arabe. Paris, 1718. in-8.º v. br. — Voyage en divers
états d'Europe et d'Asie, entrepris pour découvrir un
nouveau

nouveau chemin à la Chine. Paris , 1692. 1 vol. 4.º v.
brun.

405. Voyage de Siam des PP. Jésuites , envoyés par le
roi aux Indes et à la Chine. Paris , 1686. 1 vol. 4.º
v. br.

406. Ambassades mémorables vers les empereurs du Japon. Amst. v. br. cart. plans et fig.

407. Relation ou voy. de l'isle de Ceylan ; par Robert
Knoss. Amst. 1693. 2 vol. v. br. — Voy. d'Innigo de
Biervillas , Portugais, à la côte de Malabar , Goa ,
Batavia et autres lieux des Indes orientales. Paris ,
1736 , 2 vol. in-12. v. f. fil.

408. L'Afrique de Marmol, trad. par d'Ablancourt. Paris,
1667. 3 vol. 4º. br.

409. Voyages du capitaine Robert Lade , en différentes
parties de l'Afrique, etc. Paris 1744. 2 vol. in-12. v. éc.
— Les Voyages et Aventures du cap. Robert Boyle.
Amst. 1730. 2 t. en 1 vol. in-12. v. br.

410. Description de l'Egypte, composée sur les mémoires
de Maillet ; par l'abbé le Mascrier. Paris , 1735. 1 vol.
4º. v. br.

411. Voyages de Shaw en Barbarie. La Haye , 1733 ,
2 vol. 4.º v. m.

412. Relation historique d'Abyssinie, du P. Lobo, traduit du Portugais ; par Legrand. Paris , 1728. 1 vol.
4º. v. br. — Journal des voyages de Monconys. Lyon ,
655 , 2 vol. 4º. v. br.

413. Histoire de la grande isle de Madagascar ; par
Deflavacourt. Paris , 1658 , 1 vol. 4.º vél. cart. et pl.

414. Histoire des découvertes et conquêtes des Portugais
dans le nouveau monde, par le P. Lafitau. Paris ,
1733. 2 vol. 4º. v. m. fil. fig.

8 —   415. La même. Paris, Saugrain 1784, 4 vol. in-12.
      v. br.

11 — 416. Nouv. Voy. aux îles de l'Amérique. Paris , 1722. 6
      vol. in-12. v. f. fil. fig. — Voyage aux côtes de Guinée
      et en Amérique ; Amsterdam , 1719. 1 vol. in-12.
      v. br.

9 —   417. Histoire générale des ant - isles habitées par les
      Français ; par Dutertre. 3 vol. 4.º v. br.

7 13 418. Histoire de l'île Espagnole, ou de St.-Domingue ;
      par le P. Charlevoix. Paris, 1730 , 2 vol. 4.º v. m.
      fil.

3 —   419. Les singularités de la France antarctique ; par
      André Thevet. Paris , 1558. 4º. v. br.

9 - 16 420. Histoire et description générale de la Nouvelle
      France ; par le P. Charlevoix. Paris, 1744. 6 vol.
      in-12 , v. br.

9 10 421. Relation du voyage du Port Royal de l'Acadie ou de
      la Nouvelle-France ; par Dierville. Rouen , 1708 ,
      in-12. bas. — Relations de la Louisiane et du fleuve
      Mississipi. Amst. 1720. 1 vol. in-12. v. fil.

4 - 6 422. Mémoires de l'Amérique septentrionale, ou la suite
      des voyages du baron de la Hontan. La Haye ,
      1703. 2 vol. in-12 v. br. — Histoire de l'expédition de
      trois vaisseaux aux terres australes ; 1721. La Haye ,
      1739 , in-12. v. éc. fil.

4 —   423. Relation de la rivière des Amazones , trad. par
      Gomberville, de l'espagnol, du P. Christophe d'Acuna,
      Paris , 1682. 4 vol. pet. in-12. v. br.

14 - 2 424. Journal du voyage fait à la mer du Sud avec les Fli-
      bustiers, par Raveneau de Lussan. Paris , 1689 , in-12.
      v. f. fil. — Histoire des Aventuriers Flibustiers , par
      le même , Trevoux , 1744. 4 vol. in-12. v. br. fil. —
      Histoire des Aventuriers qui se sont signalés dans les

Indes ; par Alex. Olivier Oexmelin. Paris , 1686.
2 vol. in-12. v. f. fil.

Chronologie , histoire univerelle.

425. La chronologie des anciens royaumes , traduit de
l'anglais d'Isaac Newton. Paris, 1728. 4.º v. br.

426. Chronologie novennaire. Paris, 1608. 3 vol. in-12. v.
brun. — Chronologie septennaire, suite de la chronologie novennaire. Paris, 1609.

427. L'art de vérifier les dates. Paris, 1770. 1 vol. in-f.º
carton.

428. Méthode pour étudier l'histoire, par Lenglet Du-
fresnoy. Paris, 1729. 4 vol. 4.º v. m.

429. Bibliothèque universelle des historiens. Paris, 1707.
2 vol. 8.º bas.

430. Abrégé de l'histoire universelle. 2 vol. 4.º v. brun.
mss. — Les Etats , empires et principautés du monde ;
par S. Omer, 1614. 1 vol. 4.º v. brun fil.

431. Histoire universelle de Jacques Auguste de Thou.
Londres , 1734. 16 vol. 4.º v. m. fil.

431 *bis.* Introduction à l'histoire générale et politique de
l'Univers ; par Puffendorf. Amst. 1732 , 7 vol. in-12.
v. f. fil.

432. Discours sur l'histoire universelle ; par Bossuet.
Paris , 1707. 2 vol. in-12. v. br.

433. Mémoires pour servir à l'histoire du 18.e siècle ; par
Lamberti. 12 vol. 4.º v. br. fil.

Histoire ecclésiastique.

434. Histoire de l'église de Théodoret, trad. par M. Cousin. Paris , 1679. 4 vol. 4.º v. br.
435. Histoire de l'église , par Basnage. Rotterdam, 1699.
2 vol. f.º v. f. fil.

436. Histoire ecclésiastique, par M. Fleury. Paris, 1701. 30 vol. 4.º v. f. fil.

437. Histoire des empereurs des six premiers, siècles de l'église et des persécutions qu'ils ont faites aux chrétiens, etc. Paris, 1690. 5 vol. 4.º v. br. fil.

438. Histoire de l'église gallicane ; par Longueval. Paris, 1734. 7 vol. 4.º v. m. fil.

439. L'histoire ecclésiastique de la cour, ou les antiquités et recherches de la chapelle et oratoire du roi ; par l'eyrat. Paris , 1645. 1 vol. f.º v. m. fil.

440. Recueil historique, chronologique, des archevêchés. évêchés , abbayes, etc. ; par Beaunier. 1726. 2 vol. 4.º v. m. fil.

441. Histoire ecclésiastique et civile de Lorraine ; par Aug. Calmet. Nancy, 1728. 3 vol. f.º v. m. fil.

442. Histoire des conciles généraux , commençant par le premier concile de Nicée. Paris, 1692. 1 vol. 4.º vel.

443. Histoire des conciles ; par Hermant. Paris, 1716. 4 vol. in-12. bas.

444. Histoire du concile de Trente , trad. de l'italien du P. Soave , par J. Diodati. Genève, 1621. 1 vol. 4.º v. m. fil.

445. Histoire du concile de Trente de Fra Paolo Sarpi ; trad. par Amelot de la Houssaye. Amsterdam , 1704. 1 vol. 4.º v. f. fil.

446. La même, traduite par Le Courrayer. Amsterdam , 1736. 2 vol. 4.º v. br.

447. Histoire du concile de Constance ; par Jaq. Lenfant. Amsterdam, 1714. 2 tomes en 1 vol. 4.º v. m. fil.

448. Histoire du concile de Pise ; par le même. Amsterdam , 1724. 2 tomes en 1 vol. 4.º v. m.

449. Les vies des Saints, tirées des pères de l'église , etc. Paris, 1685. 2 vol. 4.º v. br.

450. Les grandeurs de S. Joseph ; pap le P. Floeur. Paris.

1657. 1 vol. 4.º m. r. fil. — La vie de S. François de
Paule ; par Doudé. Paris, 1671. 1 vol. f.º v. m.

451. La vie de S. Ambroise. Paris, 1679. 1 vol. 4.º m.
fil. dent. d. s. tr. — De S. Athanase ; par Hermant.
Paris, 1661. 2 vol. in-12. m. r. fil. dent. tr. d. — De
S. Basile le Grand et de S. Grégoire de Nazianze.
1679. 2 vol. 4.º m. r. d. s. tr.

452. La vie de S. Chrysostôme. Paris, 1664. 1 vol. 8.º
m. r. fil. dent. tr. d. — de S. Bernard. Paris, 1648.
1 vol. 4.º m. r. fil. dent. d. s. tr.

453. Platinæ opus de vitis pontificum. 1644. f.º m. m.

454. Histoire des papes. La Haye, 1732. 4 vol. 4.º v.
m. fil.

455. La même. Paris, 1619. 2 vol. 4.º vel.

456. Histoire du pontificat de S. Grégoire le Grand ; par
Maimbourg. Paris, 1686. 1 vol. 4.º v. m. fil. —
de S. Léon le Grand ; par le même. Paris, 1687.
1 vol. 8.º v. br.

457. La vie du pape Alexandre VI, trad. de l'anglais.
Amsterdam, 2 vol. in-12. m. r. fil. d. s. tr. — Du
pape Sixte V, de Grégorio Leti. Paris, 1699. 2 vol.
in-12. bas.

458. Pontificum Romanorum effigies. 1591. 8.º v. fil.
fig.

459. Il cardinalismo di Santa Chiesa. 1668. 3 vol. in-18.
v. br. — Le Népotisme de Rome. 1669. 2 vol. in-18.
v. br.

460. Preuves de l'histoire de tous les cardinaux Français ; par Fr. Duchesne. 2 vol. f.º v. br.

461. Histoire des ordres monastiques, religieux et mili-
taires, etc. Paris, 1704. 2 vol. 4.º fig.

462. Histoire de Malte ; par Vertot. Paris, 1726. 4 vol.
4.º v. m. fil. fig.

463. Sommaires des priviléges octroyés à l'ordre de St.
Jean. 2 vol. grand in-fol. v. br. fil. fig.

464. Histoire de la Condamnation des Templiers ; par Dupuy. Bruxelles, 1713. 2 vol. v. f. fil. — Recherches historiques de l'ordre du St. Esprit. Paris, 1710. 2 vol. in-12. v. br.

465. Histoire de l'Abbaye royale de St. Germain-des-Près ; par J. Bouillart. Paris, 1724. 1 vol. fol. v. br.

466. Les Histoires du P. Mainbourg. Paris, 12 vol. 4.º v. br.

467. Histoire des Hérésies ; par Hermant. Rouen, 1727. 4 vol. in-12. baz.

468. Histoire de la Guerre des Hussites ; par l'Enfant. Amsterdam, 1731. 2 vol. 4.º v. br.

469. Histoire Critique de Manichée et du Manichéisme ; par Beausobre. Amsterdam, 1734. 1 vol. 4.º v. m. filets.

470. Histoire des Anabaptistes ; par Catrou. Paris, 1706. 1 vol. 4.º v. br. — Du Socinianisme. Paris, 1723. 1 vol. 4.º v. br. fil. — Du Calvinisme, du Papisme ; par Mainbourg. Roterdam, 1683. 4 part. formant 2 v. 4.º v. f. fil.

471. Histoire des variations des Eglises protestantes ; par Bossuet. Paris, 1688. 2 vol. 4.º v. m. fil.

472. Nouveau Recueil de tout ce qui s'est fait pour ou contre les Protestans ; par Lefèvre. Paris, 1686. 4.º m. r. fil.

473. Histoire du Christianisme dans l'empire du Japon ; par Charlevoix. Rouen, 1715. 3 vol. in-12. v. br. — Anecdotes sur l'état de la Religion dans la Chine. Paris, 1733. 4 vol. in-12. v. br.

Histoire ancienne.

474. Histoire des Juifs ; trad. par Arnaud d'Andilly. Amsterdam, 1700. fol. v. f. fil. fig. — Histoire

de Fl. Josephe ; trad. du grec , par D. Génébrard. Paris , 1609. in-fol. v. br.

475. Histoire des Juifs ; par Basnage. La Haye , 1716. 15 vol. in-12. v. br.

476. Antiquités Judaïques ; par le même. Amsterdam , 1713. 2 vol. in-12. v. f. fil.

477. Histoire de Thucidide, de la guerre de Péloponèse. Paris , 1714. 3 vol. in-12. v. br.

478. Cæsaris quæ extant , cum annotationibus Samuelis Clarke. Londini , Jacobus Tonson , 1712. 1 vol. gr. fol. v. f. fil. dent. d. s. tr.

479. Les Commentaires de César. La Haye , 1743. 2 vol. in-12 , v. m.

480. Caii Salustii Crispi , quæ extant. Parisis. 1744. 1 vol. in-12 , v. m. fil.

481. Salluste ou histoire de la conjuration de Catilina ; par l'abbé Thyvon. Paris , 1730. 2 vol. in-12 , v. m.

482. Cornelius Nepos. Parisiis , 1745. in-12 , v. m. fil.

483. Suetone tranquille , de la vie des 12 Césars ; traduit par Georges de la Boutière-Antrenois. Lyon , 1556. 1 vol. 4°. v. m. fil.

484. C. Velleii paterculi , historiæ romanæ , libri XI. Parisiis , 1737. 1 vol. in-12 , bas.

485. Les premiers six livres des Annales de Tacite ; par La Bletterie. Paris , imprim. roy. , 1778. 3 vol. in-12. v. m. fil.

486. Les Césars de l'empereur Julien ; trad. du grec. Paris , 1683. 1 v. 4°. , v. br.

487. Histoire romaine , écrite par Xiphilin , etc. ; trad. par Cousin. Paris , 1678. 1 vol. 4°. , v. br.

488. Histoire romaine , contenant tout ce qui s'est passé de plus mémorable depuis le commencement de l'empire d'Auguste jusqu'à celui de Constantin Legrand ; par le P. Coffeteau. Paris, 1747. 1 vol. fol. v. fil.

489. Histoire romaine ; par Cartrou et Rouillé. Paris, 1745. 17 vol. 4°., v. m. fil.

490. Histoire des deux triumvirats ; par Larrey. Amst., 1715. 2 vol. in-12, v. br.

491. Histoire de Cicéron, par Morabin. Paris, 1745. 2 vol. 4°., v. m. fil.

492. Histoire de Cicéron, trad. de l'anglais ; par l'abbé Prévost. Paris, 1743. 4 vol. in-12, v. m.

493. Vie de l'empereur Julien, par La Bletterie. 1 vol. in-12, v. f. fil. Paris, 1731. — Histoire de l'empereur Jovien ; par le même Paris, 1748. 2 vol. in-12. v. br.

494. Les femmes des 12 Césars. Paris, 1717. 1 vol. in-12, v. br. — Histoire des impératrices. Paris, 1646. 1 vol. 4°., v. f. fil. — Les impératrices romaines, ou histoire secrète des femmes des douze Césars ; par Serviez. Paris, 1728. 3 vol. in-12, v. m. fil.

Histoire d'Italie.

495. Annali d'Italia di Lodovico Antonio Muratori. In Monaco, 1761. 12 vol. 4.° cart. — Dissertazioni sopra le antichità italiane. 1765. 3 vol. 4.° cart.

496. Histoire des guerres d'Italie ; trad. de F. Guichardin. Londres, 1738. 3 vol. 4.° v. m.

497. Histoire civile du royaume de Naples ; trad. de l'italien, de Giannone. La Haye, 1742. 4 vol. 4.° v. m. fil.

498. Histoire du gouvernement de Venise ; par Amelot de la Houssaye. Amsterdam, P. Mortier. 3 vol. in-12. v. br. — Histoire de la République de Gênes. Paris, 1696. 3 vol. in-12. baz.

Histoire de France.

500. Histoire de France, par Mezeray. Amst. 1688. 7 vol. in-12. v. br.

501. Mémoires historiques et critiques sur l'histoire de France ; par le même. Amsterdam. 1732. 2 tom. en 1 vol. in-12 v. f. fil. — Histoire de la mère et du fils ; par le même. Amst. 1730. 2 vol. in-12. v. m. fil.

502. Histoire de France depuis l'établissement de la monarchie française dans les Gaules. Paris, 1713, 3 vol. fol. v. br.

503. Histoire critique de l'établissement de la monarchie française dans les Gaules ; par Dubos, 1734. 3 vol. 4°. v. m.

504. Histoire critique de l'établissement des Bretons dans les Gaules, et leur dépendance des rois de France et de Normandie ; par l'abbé de Vertot. Paris, 1720. 2 vol. in-12. v. f. — Mémoires pour servir à l'histoire des Gaules et de la France ; par Gibert, 1744. in-12. v. m.

505. Annales de la monarchie française ; par de Limiers. Amst. 1724. 1 vol. g. fol. v. f. fil.

506. Bibliothèque historique de la France ; par le Long. Paris, 1719. 1 vol. fol. v. m. fil.

507. Abrégé de l'histoire de France, par Bossuet. Paris, 1747. 4 vol. in-12. v. br.

508. Les monumens de la monarchie française, par Bernard de Montfaucon. Paris, 1730, 5 vol. fol. v. f. fil.

509. Histoire généalogique et chronologique de la maison royale de France ; par Anselme. Paris, 1733, 9 vol. fol. v. f. fil.

510. Etat de la France, par le comte de Boulainvilliers. Londres, 1727, 3 vol. fol. v. m. fil. d.

511. Histoire des guerres civiles de France, trad. de

Davila ; par Baudoin. Paris, 1643. 2 vol. fol. v. br.

511. Histoire des révolutions de France, par La Hode. La Haye, 1738, 4 vol. in-12. v. br.

512. Mémoires historiques et secrets, contenant les amours des rois de France. Paris, *vis-à-vis le cheval de bronze*, 1739, in-12. v. br.

513. Fleur de la maison de Charlemagne, par Fauchet. Paris, 1601. 8.º v. f. fil. — Mémoires pour servir à l'histoire de France, sous les règnes de Charles VI et de Charles VII, etc. Paris, 1729, 4.º v. m. fil.

514. Mémoires pour servir à l'Histoire de France, contenant un journal de Paris, sous les règnes de Charles VI et Charles VII. Paris, 1729. 4.º v. m. fil.

515. Histoire de Charles VIII, Louis XI, Louis XII, François I.er, Henri II, Charles IX et Henri III ; par Varillas. Paris, 1685 et années suivantes. 14 v. 4.º v. m. fil.

516. Histoire de Louis XI. Paris, 1610. 1 v. fol. v. f. fil.

517. Histoire du même ; par Duclos. Paris, 1745. 3 v. in-12. v. m.

518. Journal de Henri III ; par Pierre de l'Etoile. La Haye, 1744. 5 v. 8.º v. éc.

519. Recueil de diverses pièces servant à l'Histoire de Henri III. Cologne, 1699. 2 vol. in-12. v. br. f. — Journal de Henri III et de Henri IV ; par l'Etoile. Cologne, 1720 et 1732. 5 v. in-12. v. f. fil.

520. Histoire de Henri-le-Grand ; par Péréfixe. Paris, 1749. 1 v. in-12. v. br. — La Plainte humaine sur le trépas du roi Henri-le-Grand ; par Louis d'Orléans. Lyon, 1622. in-12. v. br.

521. Précis de la dissolution du mariage de Henri IV et de Marguerite de Valois, manuscrit 1599.

522. Décade, commençant l'Histoire du roi Louis XIII,
depuis l'an 1610 jusqu'à l'an 1617 ; par J. B. Leg-
sain. Paris, 1618. 1 v. fol. m. r.

523. Histoire du règne de Louis XIII ; par Levassor. 1701.
16 vol. v. fil.

524. Mémoires pour servir à l'Histoire d'Anne d'Autriche,
épouse de Louis XIII. Amst., 1723. 5 v. in-12. v. br.

525. Les Amours d'Anne d'Autriche, épouse de
Louis XIII, avec M. le C. d. R., le véritable père de
Louis XIV. Cologne, 1692. in-18. v. br. — Pièces
curieuses pour la défense de la reine mère du roi
Louis XIII, et autres pièces. 1 vol. in-12. bas.

526. Abrégé chronologique de l'Histoire de France, sous
les règnes de Louis XIII et Louis XIV. Amst. 1718.
3 v. in-12. v. m. fil. — Mémoires secrets de la cour de
France, pendant la minorité de Louis XIV. Amsterd.
1733. 3 v. in-72. v. m. fil.

527. Mémoires sur les principaux événemens du règne
de Louis XIV, et sur le caractère des hommes qui y
ont eu la principale part. 4.º v. m. fil.

528. Le grand Alcandre frustré, ou Les derniers efforts
de l'Amour et de la Vertu. Montauban, 1719. 1 vol.
in-12. v. f. — Entretien entre Louis XIV, et madame
de Maintenon, pour la conclusion de leur mariage.
Marseille, 1710. 1 v. in-18. v. f.

529. Histoire du règne de Louis XIV ; par Reboulet.
Avignon, 1744. 3 v. 4.º v. m. fil.

530. Médailles du règne de Louis-le-Grand. Paris, 1702.
4.º v. m. fil.

Mémoires particuliers sur l'Histoire de France.

531. Mémoires de Joinville. Paris, 1666. 1 vol. in-12.
baz. — Histoire du maréchal de Boucicaut. Paris,
1697. in-12. v. br.

532. Les OEuvres d'Estienne Pasquier. Amsterdam, 1723.
2 vol. fol. v. m. fil.

533. Chroniques de Monstrelet. Paris, 1603. 2 vol. fol.
m. n. fil. d. s. tr.

534. Histoire et chronique de Jean Froissart. Paris, 1674.
2 vol. fol. v. br.

535. Histoire de Godefroy de Villehardouin. Paris, 1584.
1 vol. 4.º v. br.

536. Mémoires de Michel de Castelnau. Paris, 1621.
1 vol. 4.º v. m.

537. Les mêmes. Paris, 1659. 2 vol. fol. v. f. tr. d.

538. Les mêmes. Bruxelles, 1731. 3 vol. fol. v. m. fil.

539. Histoire d'Artus III, roi de Bretagne, et connétable
de France; par Théodore Godefroy. Paris, 1622.
4.º v. br.

540. Vie du cardinal d'Amboise, premier ministre de
Louis XII; par Legendre. Rouen, 1724. 4.º v.
m. fil. — La pratique de l'éducation des princes, par
Varillas. Paris, 1684. 4.º v. m.

541. Vie du maréchal Gassion. Amsterdam, 1673. 3 v.
in-12. v. br. — La même, 1696. 3 vol. in-12.

542. Histoire du maréchal de Guebriant; par Jean le
Laboureur. Paris, 1 vol. fol. v. m.

543. Histoire de Bertrand du Guesclin. Paris, 1666.
1 vol. fol. v. br.

544. Mémoires du maréchal Duplessy. Paris, 1676.
1 vol. 4.º — De Gaspar, comte de Chavagnac. Besan-
çon, 1699. 2 vol. in-12. v. m.

545. Mémoires de Gaspar de Saulx Tavannes. 1 vol. fol.
v. br.

546. Mémoires de Mornay. Marli, 1624. 1 vol. 4.º v. m.

547. Mémoires pour servir à l'Histoire de France; par
de l'Estoile. Cologne, 1719. 2 vol. in-12. v. f.

548. Mémoires du duc de Guise. Paris, 1668. 1 vol. 4.º

549. Histoire des Amours du duc de Guise, surnommé le Balafré. Paris, 1695. in-18. baz.

550. Histoire du cardinal, duc de Joyeuse, par Aubery. Paris, 1654. 4.º v. br.

551. Mémoires du maréchal de Bassompierre. Cologne, 1703. 2 vol. in-12. v. br. — Ambassade du même en Suisse. Cologne, 1668. 2 vol. in-12. v. br.

552. Ambassades de la Borderie en Angleterre, sous Henri IV et Louis XIII, 1750. 6 vol. in-12. v. m.

553. Histoire du connétable de Lesdiguières. Paris, 2 vol. in-18. v. br.

554. Mémoires de Condé. La Haye, 1743. 6 vol. 4.º v. f. fil.

555. Mémoires de mess. Philippe de Commines, sr. d'Argenton. Leyde, Elzev. 1648. in-18. m. cit. d. s. tr.

556. Supplément aux précédens. Bruxelles, 1714. 4 vol. 8.º v. m. fil.

557. Mémoires de Bussy de Rabutin. Paris, 1696. 3 vol. in-12. v. br.

558. Mémoires de Brantome. Leyde, 1699. 9 vol. in-18. v. br.

559. Mémoires de Sully. Londres, 1745. 3 vol. 4.º v. m. fil.

560. Les mêmes, Londres, 1745. 7 vol. in-12. v. br. fil.

561. Mémoires de Retz Joly et Nemours. Amsterdam, 1718 et 1719. 6 vol. in-12. v. br.

562. Mémoires de M.lle de Montpensier. 7 vol. in-12. v. br.

563. Histoire du cardinal, duc de Richelieu. Cologne, 1666. 2 vol. in-18. v. br. — Vie du même; par Leclerc,

Amsterdam, 1714. 2 vol. in-12. v. br. — Anecdotes du
ministère du même. Amsterdam, 1716. 4 vol. in-12.
v. br. — Le véritable père Joseph, capucin, nommé
au cardinalat, contenant l'histoire anecdote du card.
de Richelieu. St. Jean de Maurienne, 1704. 1 vol.
in-12. v. m.

564. Histoire du maréchal de Fabert. Amsterdam,
1697. 1 vol. in-12. v. br. — Mémoires de la vie de
Jacq.-Aug. de Thou. Amsterdam, 1713. 1 vol. in-12.
v. f. fil.

565. Mémoires de Feuquières Londres, 1736. 4 vol.
in-12. v. f.

566. Mémoires de Duguay-Trouin. 1740. 4.º v. éc. fil.

567. Mémoires du maréchal de Tourville. Amsterdam,
1742. 5 vol. in-12. v. éc. fil.

568. Mémoires d'Omer Talon. La Haye, 1732. 8 vol.
in-12. v. m. fil.

569. Lettres, mémoires, et négociations du comte d'Es-
trades. Londres, 1743. 9 vol. in-12. v. br. fil.

570. Négociations secrètes touchant la paix de Munster
et d'Osnabrug. 4 vol. f. m. fil.

571. Ambassade de Munster, dépêches de la cour. manuscrit. 9 vol. fol. m. r. tr. d.

572. Mémoires de la régence du duc d'Orléans. Amsterd.
1729. 3 vol. in-12. v. m. fil.

573. Pièces relatives à l'histoire de France. 25 vol. 4.º

574. Pièces sur l'Histoire de France, depuis 1728 jusques
vers 1747, sous le titre de Gazette de Hollande; nouvelles à la main, etc. 72 vol. 4.º cart. manuscrits.

Histoire d'Allemagne.

575. Histoire de l'empire Germanique ; par Heiss. Paris, 1711. 5 vol. in-12. v. f. fil.

576. Histoire générale d'Allemagne ; par le P. Barre. Paris, 1748. 10 vol. 4.º v. m. fil.

577. Mémoires de Montécuculli, générallissime des troupes de l'empereur. Paris, 1712. in-12. v. br.

578. Histoire militaire du prince Eugène de Savoie, augmentée d'un supplément ; par Rousset. La Haye, 1729. 2 vol. gr. fol. v. m. fil. d.

579. Mémoires historiques et politiques de François Eugène. La Haye, 1712. 2 vol. in-12. v. br.

580. Histoire du prince Eugène. Vienne, 1745. 5 vol. in-12. v. br.

581. Mémoires du duc de Virtemberg. Amsterd. 1740, 1 vol. in-12. v. br.

582. Histoire de Genève ; par Spon. Genève, 1730. 2 v. 4.º v. m. fil.

Histoire des Provinces-Unies.

583. Histoire de Hollande ; par Neuville. Paris, 1693. 4 vol. in-12. v. m. — La même. 6 tom. 3 vol. in-12. v. br.

584. Histoire abrégé des Provinces-Unies des Pays-Bas. Amsterdam, 1701. 1 vol. fol. v. f. fil.

585. Histoire des Provinces-Unies des Pays-Bas ; par Leclerc. Amsterdam, 1723. 2 vol. fol. v. m.

586. Histoire métallique des dix-sept provinces des Pays-Bas. La Haye, 1736. 3 vol. fol. v. m.

587. Histoire métallique de la république de Hollande ; par Bizat. Paris, 1 vol. fol. v. m.

588. Histoire métallique de la république de Hollande ; Amst. 1688. 8.º v. br. fig.

(48)

589. Histoire de Guillaume III, par médailles, inscriptions, etc. recueillies par N. Chevalier. Ams. 1692.
fol. v. br. fig.

590. Francisci Harræi Annales ducum, seu principum
Brabantiæ totiusque Belgii. Antwerpiæ, 1623. 2 tom.
3 vol. fol. v. br.

591. Histoire de la guerre de Flandres, trad. par P.
Durger. Paris, 1750. 2 vol. fol. v. br.

Histoire d'Espagne et de Portugal.

592. Annales d'Espagne et de Portugal. Amst. 1741.
8 vol. in-12 v. éc. fil.

593. Histoire générale d'Espagne; trad. de Mariana.
Paris, 1725. 6 vol. 4.º v. f. fil.

594. Histoire des révolutions d'Espagne; par le P. d'Orléans. Paris, 1734. 3 vol. 4.º v. m. fil.

595. Abrégé nouv. de l'histoire générale d'Espagne jusqu'au règne de Philippe IV. Bruxelles, 1704. 3 vol.
in-12. v. f.

596. Histoire des deux conquêtes d'Espagne par les
Maures; trad. de l'arabe en 1589. Paris, 1708. 1 vol.
in-12. v. m. fil. — La même avec la vie d'Almansor.
Paris, 1720. in-12. baz.

597. Etat présent de l'Espagne; par Vayrac. Paris, 1718.
4 vol. in-12. v. br.

598. Vie de Philippe II, roi d'Espagne; trad. de l'ital.
de Gregorio Léti. Amst. 1734. 6 vol. in-12. v. f. fil. —
Recueil des actions et paroles mém. de Philippe II.
Cologne, 1671. in-18.-v. br.

599. Histoire du ministère du card. Ximenès; par Mar-
solier. Paris, 1704. 2 vol. in-22. baz.

600. Abrégé de l'histoire de Portugal; par Mangin. Paris,
1707. 1 vol. in-12. baz.

601. Histoire générale de Portugal ; par Lequin de la
Neufville. Paris, 1700. 2 vol. 4.º v. m. fil.

602. Histoire générale de Portugal ; par la Clède. Paris,
1730. 2 vol. 4.°. v. br. fil.

603. Histoire des révolutions de Portugal ; par Vertot.
Paris, 1711. 1 vol. in-12. baz.

Histoire d'Angleterre.

604. Histoire d'Angleterre, d'Ecosse et d'Irlande. Rott.
1697. 4 vol. fol. v. m.

605. Histoire d'Angleterre ; par Rapin Thoyras. La Haye,
1724. 12 vol. 4.° v. f.

606. Histoire d'Angleterre ; par Burnet, trad. de l'angl.
1727. 4 vol. in-12. v. f. fil.

607. Histoire d'Angleterre ; par David Hume, trad. de
l'angl. 12 vol. in-12. v. m. fil.

608. Abrégé de l'histoire d'Angleterre ; trad. de Higgons.
La Haye, 1729. 8°. baz.

609. Histoire de la rébellion et des guerres civiles d'Angleterre ; par Clarendon. La Haye, 1709. 6 vol.
in-12. v. f. fil.

610. Histoire des révol. d'Angleterre ; par d'Orléans.
Paris, 1694. 3 vol. baz.

611. Histoire des dernières révolutions d'Angleterre ;
trad. de l'angl. de Burnet. La Haye, 125. 2 vol. 4.°
v. br.

612. Mémoires d'Angleterre, contenant l'histoire des
deux roses. Amst., 1726. in-18. v. br.

613. Histoire vérit. et secrette des rois et reines d'Angleterre. Amst., 1729. 3 vol. in-12. v. br.

614. Histoire de Marie Stuart. Londres, 1725. 2. vol.
fol. v. m.

615. Lettres de Marie Stuart. Edimbourg, 1745. 3 vol.

in-12. v. m. fil. — Vie d'Elizabeth, reine d'Angleterre. Nouv. édit. Amst. , 1703. 2 vol. in-12. v. br.

615 *bis*. Histoire d'Olivier Cromwel. Paris, 1691. 1 vol.
4.º v. br.

616. Abrégé de la vie du duc de Malboroug. Amst.
1714. 1 vol. in-12. v. br. — Mémoires de la duchesse
de Malboroug. La Haye, 1742. 1 vol. in-12. v. m.
— Mémoires de la vie de milord duc d'Ormond. La
Haye, 1757. in-12. v. br.

Histoire des pays du Nord.

617. Histoire de Suède; par Puffendorf. Amsterdam,
3 vol. in-12. v. m.

618. Histoire des révolutions de Suède. Paris, 1696.
2 vol. bas.

619. Histoire des intrigues galantes de la reine Christine
de Suède et de sa cour pendant son séjour à Rome.
Amsterdam, 1697. 1 vol. in-12. v. br. — Recueil de
quelques pièces curieuses, servant à l'éclaircissement
de l'Histoire de la vie de la reine Christine. Cologne,
1668. in-18. v. br.

620. Histoire de Suède sous le règne de Charles XII.
Amsterdam, 1776. 2 vol. 4.º br. — Histoire militaire
du même ; par Gustave Adlerfeld , 3 v. in-12, v. br.

621. Histoire des rois de Dannemark; par Champigny.

622. Histoire de Dannemark. Paris, 1732. 9 vol. in-12.
v. m. fil.

623. Histoire des rois de Pologne et du gouvernement de
ce royaume. Amsterdam, 1735. 3 vol. in-12. v. f.

624. Histoire de Pierre I.er, surnommé Legrand. Amst.
1742. 1 vol. 4.º v. m.

Histoire d'Asie , d'Afrique et d'Amérique.

625. Histoire générale des Turs de Chalcondyle, traduit
par Vignaire. Paris, 1662. 2 vol. fol. v. m. fil.

626. Abrégé nouveau de l'Histoire générale des Turcs ;
par Vanel. Paris, 1689. 4 vol. in-12. bas.

627. Histoire de l'empire Ottoman ; par Démétrius-Can-
timir. Paris, 1743. 4 vol. in-12. v. m. fil.

628. Histoire de l'état présent de l'empire Ottoman, trad.
de l'anglais de Ricart, par Briot. Paris, 1670. 1 vol.
4.º v. br.

629. Histoire de l'empire Ottoman, traduit de l'italien de
Sagredo, par Laurent. Paris, 1732. 7 vol. in-12. v. b.

630. Histoire de Constantinople, depuis le règne de
Justin, jusqu'à la fin de l'empire ; par Cousin. Paris,
1672. 8 vol. 4.º v. br. fil.

631. Histoire des révolutions de l'empire de Constantinople ; par Burigny. Paris, 1750. 3 v. in-12. v. b. fil.

632. Mœurs et Usages des Turcs, par Guer. Paris, 1746.
2 vol. 4.º v. f. fil.

633. Vie de Mahomet, par J. Gaynier. Amsterdam, 1732.
2 vol. in-12. v. f. fil. — Histoire du règne de Mahomet II ; par Guillet. Paris, 1681. 2 vol. in-12. bas.

634. Histoire des Arabes avec la vie de Mahomet ; par
Boulainvilliers. Amsterdam, 1731. 1 vol. in-12. v. br.
— Histoire de la dernière révolution de Perse. La
Haye, 1728. 2 vol. in-12. v. f. fil.

635. Historia Tamerlani Arabice. 4.º v. br.

636. Histoire du grand Tamerlan. Paris, 1677. in-12. v.
br. fil. — Histoire de Tamerlan. Paris, 1734. 2 vol.
in-12. v. br.

637. Histoire générale de l'empire du Mogol, par le P.
Catrou. Paris, 1715. 1 vol. 4.º v. m. fil.

638. Description de l'empire de la Chine et de la Tartarie
Chinoise ; par le P. J. B. Duhalde. Paris, 1735. 4 vol.
fol. v. m.

639. La Chine illustrée de plusieurs monumens, tant
sacrés que profanes ; par Athanase Kirker. Amsterdam,
1770. 1 vol. fol. v. br. fig.

640. Histoire de l'empire du Japon; par Kemf. La Haye, 1732. 3 vol. in-12. v. f.

641. Nouveau Mémoire sur l'état présent de la Chine. Paris, 1796. 2 vol. in-12. v. br. — Histoire des deux Conquérans Tartares qui ont subjugué la Chine. Paris, 1690. 8.º bas.

642. Histoire et Description générale du Japon; par le P. Charlevoix. Paris, 1736. 2 vol. 4.º v. m. fil. fig.

643. Histoire des Indes orientales. Paris, 1688. 1 vol. 4.º v. br.

644. Histoire des Indes orientales anciennes et modernes; par Guyon. Paris, 1749. 3 vol. in-12. v. éc.

645. Histoire de l'empire des Cherifs en Afrique. Paris, 1733. in-12. v. m. — Histoire africaine de la division de l'empire des Árabes; par J. B. Birage. Paris, 1666. in-12. v. br.

646. Histoire de la conquête du Mexique. Paris, 1691. 1 vol. 4.º v. m.

647. Histoire des Incas, rois du Pérou; traduit de Garcillasso, par Richelet. Paris, 1744. 2 vol. in-12. v. br.

Antiquités.

648. Epitome du trésor des antiquitez; traduit de Strada par Louveau. Lyon, 1553. 1 vol. 4.º fig. v. br.

649. Les Antiquitez romaines de Denis d'Halicarnasse. Paris, 1723. 2 v. 4.º v. m. fil. orné des cartes et plans.

650. Roma antiqua, or the Antiquities of Rome, by Basil Kennett. London, 1746. 8.º v. br. fil.

651. Romanum Museum sive Thesaurus eruditæ antiquitatis. Romæ, 1690. fol. v. br. fig.

652. Admiranda Romanorum antiquitatum ac veteris sculpturæ vestigia; a Petro Sancti-Bartolo delineata incisa. 1693. fol. abl. v. m.

653. Veteres arcus Augustorum triumphis insignes. Rom. 1690. 1 vol. fol. fil.

654. Colonna Trajana intagliata da Pietro santi Bartoli.
2 vol. fol. oblong fil.

655. Antiquæ urbis splendor, à Jac. Lauri. fol. obl. fig.

656. Habiti antichi overo raccolta di figure delineate dal
gran Titiano , etc. In Venetiâ , 1663. 8.º v. f.

657. Laurentii Pignorii Patavini de servis. Amstelodami ,
1674 , in-12. v. br.

658. Explication de divers monumens singuliers. Paris ,
1739. 4º. v. m. fil. fig.

659. La science des médailles antiques et modernes ,
nouv. éd. Paris , 1727. 2 vol. in-12. v. br. — Quatre
relations historiques , par Ch. Patin. Bâle , 1673.
in-12. bas.

660. Le Cabinet de la Bibliothèque de S.te Geneviève ;
par Dumolinet. Paris , 1792. 1 vol. fol. gr. pap. fil.
v. br.

Académies , histoire littéraire , biographie.

661. Mémoires de l'académie des sciences , depuis 1666
jusqu'à 1730. 48 vol. 4.º v. f. fil.

662. Histoire et mémoire de l'académie det inscriptions ,
les 15 premiers volumes. v. m. fil.

663. Histoire littéraire de la France. Paris , 1733, 2 vol.
4.º v. m. fil.

664. Voyage littéraire de deux bénédictins. Paris, 1724,
4º. v. br.

665. Mercure de France, depuis 1667 jusqu'en 1749,
657 vol. in-12.

666. Philostrate , de la vie d'Apollonius Thyanéen ; par
Fred. Morel. Paris , 1611. 2 vol. 4º. v. br.

667. Les vies des hommes illustres de Plutarque. Paris ,
1721 , 9 vol. fol. v. br.

668. Images des héros et des grands hommes de l'antiquité , gravées par Picart. Amsterdam , 1731 , 1 vol.
4.º v. m. fil.

669. Les hommes illustres de France, par Perrault. Paris, 1626. 1 vol. fol. v. m.

670. Académies des Sciences et des Arts, contenant les vies et les éloges historiques des hommes illustres; par Bullard. Bruxelles, 1682. 2 vol. fol., v. br.

671. Le Parnasse français; par Titon-du-Tillet. Paris, 1732. 2 vol. fol., fig., v. m. f.

672. Les Eloges des hommes savans, tirés de l'histoire de M. de Thou; par Leycle. 1715. 4 vol. in-12, v. br.

673. Histoire de Pierre de Montmaur; par Sallengre. La Haye, 1715. 2 vol. in-12, v. br.

674. Dictionnaire historique et critique de P. Bayle. Rotterdam, 1720. 4 vol. fol., v. f. fil.

675. OEvres diverses de Bayle. La Haye, 1731. 4 t. en 5 vol. fol., v. f.

676. Le grand Dictionnaire de Moreri. Paris, 1725. 6 vol. grand fol., et 2 vol. petit fol. de supplément; en tout 8 vol., v. f. fil.

SUPPLEMENT.

1. Les droits de la guerre et de la paix, trad. de Grotins; par Barbeyrac. Amsterdam, 1729. 2 vol. 4°. v. brun.

2. Dictionnaire de Chomel. Paris, 1767. 3 vol. fol., v. m. fil.

3. Le Parfait maréchal, divisé en deux parties; par Solleysel. Paris, 1685. 1 vol. 4°., mar. r., fil. d. s. t., lavé et réglé.

4. Recueil des plus belles pièces des poëtes français. Amsterdam, 1692. 5 vol. in-18, v. f.

5. Les Apophtegmes des anciens, tirés de Plutarque, Diogène, etc. et les stratagêmes de Frontin, de la traduction de Nicolas Perrot-d'Ablancourt. Paris, 1664, 4°. v. b.

6. Menagiana. Paris , 1715. 4 vol. in-12. v. m. fil.

7. Poggiana. Amst. , 1720. 2 vol. in-12. v. f. — Saint-
Evremoniana. 1710. 1 vol. in-12. v. br. — Scaligerana.
in-12. v. br. — Segraisiana. Amst. , 1722. 1 vol. in-12.
v. br. — Voltariana. porph. fil.

8. Huetiana. Paris, 1722. 12 vol. m. fil. — Perroniana.
Genève, 1669. 1 vol. in-12. v. br. — Sorberiana. 1694.
in-18. v. f. — Valesiana. Paris , 1694. in-12. v. m.

9. Le vrai Théâtre d'honneur et de la chevalerie ; par
Lacolombière. Paris, 1648. 2 vol. fol. v. br. fig.

10. Relation nouvelle et curieuse des royaumes de Tur=
quie et de Lao ; trad. de l'ital. du P. Marini. Paris,
1666. 1 vol. 4.º v. br.

11. Nouvelle relation de l'Afrique ; par L. P. Labat. Paris,
1728. 5 vol. in-12. v. f.

12. Relation du voyage de la mer du Sud ; par Frezier.
Paris, 1732. 1 vol. 4.º v. m.

13. Bibliothèque orientale ; par d'Herbelot. Paris, 1697.
1 vol. fol. v. m.

14. Histoire des grands chemins de l'Empire Romain ;
par Bergier. Bruxelles , 1728. 2 vol. 4.º v. m. fil.

15. Histoire et recherches des antiquités de la ville de
Paris, 1724. 2 vol. fol. v. m. fil.

16. Histoire de la ville de Paris ; par D. M. Felibien et
Lobineau. Paris , 1725. 5 vol. fol. v. m. fig.

17. Plan en perspective de la ville de Paris. 1 vol. gr.
fol. m. r. fil. d. s. tr.

18. France métallique , ou les familles de la France
illustrées par les monumens des médailles anciennes et
modernes ; par Bie. Paris, 1636. 1 vol. 4.º v. f.

19. Médailles du règne de Louis XIV. Paris , 1723. 1 vol.
fol. m. r. fil.

20. Médailles du règne de Louis XV. 1 vol. fol. v.
m. br.

21. Cérémonial français ; par Théodore Godefroy. Paris, 1649. 2 vol. fol. v. fil.

22. Le sacre de Louis XIV dans l'église de Reims, le dimanche 25 octobre 1722. gr. in-fol. m. bl. dent. d. s. tr.

23. Entrée triomphante de Louis XIV, de Marie-Thérèse d'Autriche son épouse, dans la ville de Paris. Paris, 1662. 1 vol. fol. m. r. d. s. tr.

24. Description des fêtes données par la ville de Paris, à l'occasion du mariage de M. de Louis-Elizabeth de France. Paris, 1740. 1 vol. fol. m. r. fil. dent. d. s. tr.

25. Relation de la fête de Versailles du 18 juillet 1668. Paris, 1779. 1 vol. fol. v. br. fil. fig.

26. Courses de fêtes et de bague, faites par le roi et par les princes et seigneurs de sa cour en l'année 1562. Paris, 1670. 1 vol. gr. fol. v. br.

27. Recueil des pierres gravées du cabinet du roi. Paris, 1750. 2 vol. fol. cart.

28. Les ruines et les plus beaux monumens de la Grèce ; par le Roy. Paris, 1758. gr. in-fol. rel. en carn

F I N.